KAHRAMAN TAZEOĞLU

Allah'a Emanet Ol

DESTEK YAYINLARI: 691
EDEBİYAT: 180

KAHRAMAN TAZEOĞLU / ALLAH'A EMANET OL

Her hakkı saklıdır. Bu eserin aynen ya da özet olarak hiçbir bölümü, telif hakkı sahibinin yazılı izni alınmadan kullanılamaz.

İmtiyaz Sahibi: Yelda Cumalıoğlu
Genel Yayın Yönetmeni: Ertürk Akşun
Yayın Koordinatörü: Özlem Esmergül
Editör: Devrim Yalkut
Kapak Tasarım: İlknur Muştu
Sayfa Düzeni: Cansu Poroy

Destek Yayınları: Haziran 2016
Yayıncı Sertifika No. 13226

ISBN 978-605-311-132-0

© Destek Yayınları
Abdi İpekçi Caddesi No. 31/5 Nişantaşı/İstanbul
Tel.: (0) 212 252 22 42
Fax: (0) 212 252 22 43
www.destekyayinlari.com
info@destekyayinlari.com
facebook.com/DestekYayinevi
twitter.com/destekyayinlari
instagram.com/destekyayinlari

bambaska.sayfa@gmail.com

İnkılâp Kitabevi Baskı Tesisleri
Matbaa Sertifika No. 10614
Çobançeşme Mah. Altay Sok. No. 8
Yenibosna – Bahçelievler / İstanbul
Tel.: (0) 212 496 11 11

Allah'a Emanet Ol

Kahraman Tazeoğlu'ndan

*... ama ben vazgeçmeyeceğim bil.
Biz, boynumuz vurulsa 'Vardır bunda da bir hayır'
diyecek kadar bağlıyız Rabbimize.
Bana vazgeçmekten bahsetme.*

Furkan ve Zeynep'in hikâyesi bu... Yıllar önce İstanbul'un küçük bir mahallesinde başlar bu hikâye. Mahalle dediğim herkesin herkesi tanıdığı, yolda yürüyenlerin birbirine selam verdiği, kimin başı sıkışsa tüm komşuların yardıma koştuğu, gerçek dostlukların ve samimiyetin olduğu, mahalle kültürünün henüz kaybolmadığı bir mahalle...

Bir gün Üsküdar'da yürürken bir gümüşçü dükkânı dikkatimi çekti. Gümüşlere olan zaafımı herkes bilir. Birbirinden orijinal modelleri vitrinde görünce daldım içeri. Daha önce hiç bu kadar güzel ve farklı üretilmiş, işçiliği dört dörtlük olan gümüşler görmemiştim. Ama hepsinden daha önemli olan ve içeri girer girmez dikkatimi çeken şey duvarda asılı duran bir çerçeve oldu. Her şey o çerçevenin ne olduğunu işyerinin sahibine sormamla başladı. İşte böyle öğrendim Furkan ve Zeynep'in hikâyesini...

Furkan'ın babası Ahmet ile Zeynep'in babası Hüseyin askerde tanışmış ve örnek bir dostluk kurmuşlar. Vatani görevleri bitene kadar hep birbirlerini koruyup kollamışlar, birbirlerine arka çıkmışlar. Ahmet ve Hüseyin'i bu denli yakınlaştıran en önemli ortak yan ise ikisinin de askere gitmeden birkaç ay önce nişanlanmış olmalarıymış. Nişanlılarını geride bırakıp vatani görevlerini icra etmek için bulundukları kışlaya geldiklerinde aynı mangaya düşmüşler, üstelik ranzaları da yan yana denk gelmiş. İlk günler zor geçmiş. Geceleri gizlice ağlarlarken fark etmişler birbirlerini. İkisi de dertlerinin ortak olduğunu öğrenince sıkı bir arkadaşlık başlamış aralarında. Kantinde yan yana oturdukları masalarda mektuplar yazarlarmış müstakbel eşlerine. Satırlarının arasına özlem dolu güzel sözler yerleştirmek için ikisi de birbirinden yardım alırmış. Bir gün nişanlılarının fotoğraflarını göstermişler birbirlerine ve çok şaşırmışlar. Çünkü nişanlıları birbirine tıpatıp benziyormuş. Sanki ikiz kardeş gibi... Bu durum onları daha da yakınlaştırmış.

Aralarındaki bu sıcak dostluk askerlik sonrası kaderlerini birleştirmiş. Nişanlılarını birbirleriyle tanıştırdıklarında aralarındaki bu benzerliğe kendileri de şaşırmış. Hatta Ahmet'in nişanlısı, "Kardeş olsak bu kadar benzemeyiz" demiş. Gelecekteki eşlerinin onları birbirleriyle tanıştırması sonrasında iki genç kızın arasında güzel bir arkadaşlık başlamış. Ne zaman yan yana gelseler herkes onları ikiz zannetmiş. Bu müthiş benzerlik onlara talihin güzel bir armağanı olmuş ve düğünlerini birlikte yapma kararı almışlar. Sadece bununla da kalmayıp, aynı mahalleye yerleşip birbirlerine komşu olmuşlar. Gerçek iki kardeş aile gibi yaşamaya başlamışlar. Bu iki ailenin örnek dostluğu herkesin takdirini toplamış. Kısa sürede mahallenin en sevilen çiftleri olmuşlar.

Hep birlikte yapılan gezintiler, her hafta sonu gidilen piknikler, birlikte planlanan eş dost ziyaretleri derken günler haftaları, haftalar ayları, aylar yılları kovalamış. Fakat bir süre sonra bu mutluluk tablosu gölgelenmeye başlamış. Her şey yolunda giderken onları birleştiren bu benzerlik ve kader, onlara bir de ortak dert vermiş. İki ailenin de çocukları olmuyormuş. Çok uğraşmışlar. Hastane hastane dolaşmışlar ama tüm bu gayretler hüsranla sonuçlanmış. Sorun Ahmet ve Hüseyin'de değil eşlerinde, yani Safiye ve Esra'daymış. Her iki ailenin de kanayan, ortak yarası haline gelmiş bu durum. İki düşük ve iki tüp bebek denemesinden sonra ilk vazgeçen Hüseyin ve eşi Esra olmuş... Bu süreç onları olması gerekenden daha fazla yıpratmış çünkü...

Ahmet ve Safiye ise vazgeçmeden denemeye devam etmiş. Her başarısızlığın ardından daha da bilenerek bıkmadan usanmadan sürdürmüşler mücadelelerini. Bir ara onlar da vazgeçer gibi olmuş. Sonra iki aile de bu konu hakkında birbirleriyle hiç konuşmaz olmuşlar. Yavaş yavaş umutlar kırılmaya başlamış.

Ne zaman çocuklu bir aile görseler uzun, derin ve yaralayan sessizlikler büyümüş içlerinde. Artık giderek bir tabu haline gelmiş bu çocuk meselesi. Bir araya geldiklerinde birbirlerine bu konuyu açmamaya özen göstermişler. Herkesi üzen, herkesi yaralayan bu mesele artık onların konuşmadıkları bir mesele haline gelmiş. Çevrelerindeki insanların çoğu onların bu hassasiyetini bildikleri için ev ziyaretlerinde ya da karşılaştıkları anlarda onlara bu konuyu hiç açmazlarmış. Fakat kimi zaman bazı patavatsızlar laf arasında o soruyu sorunca kısa ve istemsiz cevaplarla geçiştirilir, o sorulara maruz kaldıkları bütün günlerin gecelerinde eşlerine sarılıp ağlarmış her iki kadın da...

Evliliklerinin üzerinden tam üç yıl üç ay geçmiş. Artık çocuk yapma meselesi, yerini evlatlık alma isteğine bırakmaya başlamış. Kadınların eşleri birbirlerinden habersiz bu konuyla ilgili araştırmalar yapmaya başlamış. Yasal prosedürleri ve ne yapmaları gerektiğini öğrenmişler. Tam da o günlerde Ahmet'in eşi Safiye bir gün pazarda alışveriş yaparken eski komşularından Nazife Hanım'la karşılaşmış. Uzun süredir birbirlerini görmüyorlarmış. Ayaküstü konuşmuşlar.

"Nasılsın Safiye'ciğim? Sağlığın sıhhatin ne durumda? İyi gördüm seni."

"İyi sayılırım işte Nazife Teyze. Yuvarlanıp gidiyoruz ne yapalım."

"İyisin iyisin maşallah. Düğünden bu yana görmemiştim seni. Eşin nasıl peki o da iyi mi?"

"O da iyi Nazife Teyze. Sen nasılsın? Hasta falan değilsin inşallah."

"İyiyim kızım. İyiyim hamt olsun. Şekerim ve tansiyonum yükselmediği zamanlarda çok iyiyim. Sağ olsun benim damat çok ilgileniyor sağlığımla. Zaten doktor kendisi... Onların da yakında ikinci çocukları olacak. Kızım sekiz aylık hamile. Gülten'i hatırlarsın değil mi?"

"Hatırlamaz olur muyum? Aynı mahallede büyüdük. Allah sağlıklı bir bebek nasip eder onlara inşallah."

Bu dileğin ardından Nazife Hanım'ın yanından hızla uzaklaşmak istemiş Safiye. Çünkü bu konuşmanın ardından hangi sorunun geleceğini artık adı gibi biliyormuş. Elinden yere bıraktığı pazar poşetlerini almak için eğilirken bir yandan da veda cümlelerini hazırlamış. Fakat tam o sırada cevaplamaya çekindiği soruyu soruvermiş Nazife Hanım.

"Ee? Sende bir şey var mı Safiye?"

"Şey... daha yok Nazife Teyze."

"Aa neden yok? Kaç yıl oldu evleneli. Ah işte şimdiki gençler hep böyle. Tutturmuşlar önce biraz hayatımızı yaşayalım, sonra çocuk yaparız diye... Erteledikçe erteliyorlar. Biraz elinizi çabuk tutun kızım. Sonra vakit geç olur. Çocuk evin neşesidir, bereketidir."

"Biliyorum biliyorum Nazife Teyze. Biz de çocuk yapmak istiyoruz ama..."

"Ama ne?"

"Ama olmuyor."

Bunu söylerken çok utanmış. Yanakları kıpkırmızı olmuş. Kendini eksik biri gibi hissetmiş o an. Sanki bütün pazaryeri onun üstüne çullanmış. Kalbi sıkışır gibi olmuş ve yıllar sonra nereden rastladım bu eski komşuya diye düşünmüş. Bir an önce oradan uzaklaşmak isteğiyle eline aldığı poşetlerle bir iki adım atmış ve "Bizim çocuğumuz olmuyor Nazife Teyze. Gülten'e çok selam söyle. Allah analı babalı büyütsün. Ben müsaade istiyorum" demiş. Arkasını dönüp hızlı adımlarla oradan uzaklaşırken kadın arkasından bağırmış.

"Kızım dur gitme hemen. Gel sana bir şey söyleyeyim."

Bir iki adım sonra durmuş ve geriye dönmüş. Bu sırada kadıncağızı çantasında bir şeyler ararken görmüş. Tekrar yanına yaklaşmış.

"A benim güzel kızım böyle yapmayın işte. Gülten de çok uğraştı ama sonunda başardı. Siz erken vazgeçmişsiniz. Böyle olmaz. Dur bak ben şimdi sana bir kart vereceğim. Neredeydi bu? Hah işte budum. Al bu kartviziti kızım."

"Nedir bu?"

"Biliyorsun benim damat doktor. Yine kendisi gibi doktor bir arkadaşı var. Geçen sene açılan bir klinikte çalışıyor şimdi. Orası bu tüp bebek konusunda çok uzman... Git bir dene bence kızım."

"Teşekkür ederim Nazife Teyze ama inan denemediğimiz yer kalmadı. Evlatlık almayı düşünüyoruz."

"Kızım o en son çözüm. Gülten'in de çocuğu olmuyordu ama burayı deneyince oldu. İşlerinde çok başarılılar. Herkes onları konuşuyor. Hayatta çocuğunuz olmaz denenler bile oraya gidip çocuk sahibi olmuşlar."

Kısa bir tedirginlik yaşamış Safiye. Kadına teşekkür edip eve dönmüş. Akşam Ahmet işten gelince olanları anlatmış. Bu sırada Ahmet evlatlık başvurusu hazırlıklarını tamamlamak üzereymiş. "Peki hanım..." demiş. "Son bir defa deneyelim."

Bir sonraki hafta için randevu alıp gitmişler. İlk deneme başarısız olmuş. Sonra, o zor kararı verip riske girmişler ve bu sefer olmuş. Bunu Hüseyin ve Esra ile paylaşmışlar. Onlar da Ahmet ile Safiye'nin sevincine ortak olmuşlar. O riskli hamileliğin ardından, evlendikleri günün üzerinden tam üç yıl dokuz ay geçtikten sonra Furkan gelmiş dünyaya. Çok sağlıklı, nur topu gibi bir çocukmuş Furkan. Aile buruk bir mutluluk yaşıyormuş. Ahmet ve Safiye bir yandan anne baba olduklarına sevinirken diğer yandan Hüseyin ve eşi Esra'nın hâlâ çocuk sahibi olamamalarına üzülüyor, yarım denebilecek bir mutluluk yaşıyorlarmış.

Esra ve Hüseyin çifti Furkan dünyaya geldikten sonra tekrar heveslenmiş ve yeniden denemek istemişler. Aynı klinikte başlamış tedavi. Onlarınki biraz daha zorlu olmuş. İlk deneme başarısızlıkla sonuçlanmış. Ardından ikinci ve üçüncü deneme de öyle. Ve daha sonra Esra da o riskli hamileliği kabul etmiş ve o da başarmış. O gün dördü birlikte gitmiş doktorla son kez konuşmaya. Uzun bir konuşma geçmiş aralarında ve o uzun konuşmanın ardından verdikleri kararla hayat yeniden şekillenmiş.

Furkan on dört aylıkken Esra hamile kalmış ve Furkan'dan tam yirmi üç ay sonra Zeynep gelmiş dünyaya. Zeynep'in dünyaya gelişi ile her iki ailede de bayram havası yaşanmış. Artık yüzler gülüyor, gözler mutluluk gözyaşlarıyla dolup taşıyormuş.

Dört beş yıl süren bu uzun ve meşakkatli çabanın sonunda Yaradan onların yüzüne gülmüş ve çok sağlıklı iki çocuk nasip etmiş. Güzellikleri dillere destan olmuş çocukların. Sokakta bir gören dönüp bir daha bakıyor, fırsatını bulan gelip seviyormuş her ikisini de...

Birlikte kardeş gibi büyümeye başlamışlar. İlk adımlar, ilk cümleler hep büyük bir sevinçle karşılanmış. Oyuncaklar hep çift alınmış... Bir pembe, bir mavi...

Furkan ilkokula başladığında Zeynep daha kreşteymiş. İlk ve ortaokulu beraber okumuşlar ama Zeynep her zaman Furkan'ın iki sınıf altında kalmış tabii. Yaş araları fazla olmasa da yine de Furkan Zeynep'e ağabeylik etmiş, ona sahip çıkmış, koruyup kollamış... Okul çıkışlarında birlikte el ele dönmüşler evlerine her seferinde. Aynı mahallede büyümüş, aynı sofrada yemek yemiş, aynı parklarda oyunlar oynamış, aynı okullarda okumuşlar ve ergenlik çağına gelmişler.

Asıl hikâye tam da burada başlıyor işte. Yani Furkan ve Zeynep'in ergenlik çağlarında... O dönemlerinde kızlar erkeklerden daha hızlı büyüdükleri için Zeynep Furkan'dan daha çabuk gelişmiş, serpilmiş ve güzelleşmişti. Ondaki bu değişimi ve güzelliği ilk fark eden ise Furkan olmuştu. Ama yan yana geldiklerinde Furkan daha büyük olmasına rağmen Zeynep'ten küçükmüş gibi duruyordu. Bu durum Furkan'ı biraz üzüyordu çünkü hormonlarının değişmesiyle birlikte Zeynep'e karşı hissettikleri de şekil değiştirmiş, ağabey durumundan âşık durumuna evrilmişti. Furkan'ın düştüğü durum tam bir karasevdaydı... Fakat gelin görün ki bu duygularını hep içinde saklamak zorunda kaldı Furkan. Zeynep'ten daha küçükmüş gibi durması yetmiyormuş gibi anneleri birbirine çok benzediğinden onlar da birbirlerine çok benziyor ve her gören onları kardeş sanıyordu. Bu durum Furkan'ın duygularını Zeynep'e açmasını daha da zorlaştırıyor, Furkan gizli aşkını hep içinde yaşamak zorunda kalıyordu. Gerçekten de kardeş gibi büyümüşlerdi ve aralarında bir aşk olması pek de hoş karşılanmazdı.

Furkan, bu açmazın içinde debelenirken Zeynep hiçbir şeyin farkında değildi. Üstelik onun da Furkan'a karşı birtakım özel duygular hissedeceğine yönelik hiçbir emare yoktu. O günden sonra yaşayacağı kader yavaş yavaş belirginleşmeye başlamıştı.

Zeynep, uzun boyu, zarif bedeni, dimdik yürüyüşü ile balerinlere benziyordu adeta... Yeşile çalan ela gözleri iriydi. Teni buğdayımsı, saçları açık kumraldı. Görenler onu bir dönemin güzel oyuncusu Brooke Shields'a benzetiyordu.

Fiziki güzelliği bir yana, iç güzelliği de çok konuşuluyordu. Aile görüşmelerinde akraba kadınlar bir yandan alıcı gözüyle bakarlarken, diğer yandan da "Zeynep çok güzelleşti. Maşallah huyu suyu da pek iyi... Allah bahtından yana da güldürür inşallah" gibi cümleler kuruyordu. Belli ki hepsi içten içe kendi oğullarına yakıştırıyor, gelecekteki olası bir evlilik için zemin hazırlıyordu. Onların bu niyetini fark eden Furkan içten içe onlara kızıyor, öfkesini kendisinden çıkarıyordu. Bir an önce boyunun uzamasını, o çocuk görüntüsünün artık kendisini terk etmesini istiyordu.

Zaman zaman bu durumu babasıyla konuştuğunda, "Baba neden benden küçük olmasına rağmen Zeynep daha uzun?" diye soruyor, babası ise ona erkeklerin kızlardan daha geç geliştiğini ama yakında aradaki farkı hızlı bir biçimde kapatarak onu geçeceğini söylüyordu. Furkan'sa o günlerin bir an önce gelmesi için her gece yatağında Allah'a dualar ediyordu.

Mahalleden bir arkadaşı ona çabuk uzaması için basketbol oynaması gerektiğini söylemişti. Bu tavsiyeye uyan Furkan, her gün basket oynamaya gidiyor, bunun yanı sıra yüzme ve koşu gibi sporları da deniyordu. Bir an önce büyümek ve Zeynep'e yetişebilmek için var gücüyle çabalıyor, hatta derslerini aksatma noktasına bile geliyordu. İçindeki büyüme hırsı gitgide daha da çoğaldı. Sporu abartmaya başladı. Kendini sakatlama pahasına vazgeçmedi bundan. Birkaç küçük sakatlık sonrasında, babasının ve annesinin uyarısını da dikkate alarak yaptığı sporu belli bir standartta tuttu. Bu da onun daha sağlıklı ve hızlı büyümesine yardımcı oldu.

Günler böyle geçip gidiyordu. Zeynep lise ikinci sınıfa geçtiğinde Furkan artık son senesindeydi. Aklından üniversiteyi kazanmak gibi şeyler de geçmiyordu. Daha Zeynep'in iki yılı vardı ve onu bırakıp başka bir okula gidemezdi. Son senesinde sınıfta kalmak için elinden ne gelirse yaptı.

Ne yapıp edip sınıfta kalmalıydı. Zeynep'i rakiplerinden korumak, onu kendisi için sahiplenmek duygusu ile hareket ediyordu. Sınıf arkadaşlarının pek çoğu bu durumdan haberdardı ve zaman zaman Zeynep'in kulağına gidecek şekilde söylentiler yayıyorlardı. Zeynep, çok oralı olmasa da bazen canını sıkıyordu bu tür dedikodular. Furkan her teneffüs onun yanına gelirdi. Bir keresinde Zeynep ona neden kendisini hiç yalnız bırakmadığını sordu. Furkan böyle bir soru beklemiyordu. Cevap veremedi. Başını önüne eğip sustu. Zeynep devam etti.

"Okulda adımızı çıkarmışlar Furkan. Sen bana âşıkmışsın."

"Bu da nerden çıktı Zeynep? Ben sadece şey..."

"Ne?"

"Şey işte... Ben sadece seni korumaya çalışıyorum o kadar."

"Ben kendimi koruyabilirim Furkan. Zaten aile ortamında yeterince beraberiz. Bari bırak da okulda biraz ayrı ayrı takılalım olmaz mı?"

Furkan'ın buna verebileceği bir cevabı yoktu. Zeynep haklıydı. Onu bu kadar sıkboğaz etmesi biraz abartılı bir durumdu. Bilmeden özgürlük alanını kısıtlıyordu sevdiği kızın. Ama başka ne gelirdi ki elinden? Seviyordu, kıskanıyordu, onu kimseyle paylaşmak istemiyordu. Tüm bunlara karşın Zeynep de kendince haklıydı. Onu bu kadar sıkboğaz etmeye hakkı yoktu Furkan'ın...

Zeynep ona biraz ayrı takılalım dediğinde şaşkınlıktan ve utancından ne yapacağını bilememiş, yerin dibine girmişti o an Furkan. Üstelik yüzüne yerleşen sert bir ifade ile sarf etmişti bu sözleri Zeynep... Daha sonra hızla yanından uzaklaşmıştı. Öylece arkasından bakakalmıştı Furkan. Sonra ders zili çaldı. Tam da sınav vardı o gün. Fakat Furkan'ın sorulara verebileceği tüm cevaplar uçup gitmişti aklından. Boş kâğıt verdi öğretmenine...

O günden sonra uzaktan izlemeye başladı Zeynep'i. Sadece okul çıkışlarında bir araya geliyor ve eve kadar beraber yürüyorlardı. Yolda hiçbir şey konuşmuyorlardı. Aralarında geçen o son tatsız konuşmadan sonra bir daha o mevzu açılmadı. Bunda Furkan'ın değişmiş olması da çok etkiliydi tabii.

Bir zaman sonra okul çıkışlarında da birlikte yürümez oldular. Zeynep kendine tamamen kızlardan oluşan bir arkadaş grubu kurmuş, artık o grupla eve kadar yürümeyi tercih eder olmuştu. O kızlar zaman zaman kendilerini uzaktan takip eden Furkan'ı fark ediyor ve Zeynep'e, "Seninki yine arkamızdan geliyor" gibi laflar ediyorlardı. Zeynep kaşlarını çatıyor ve "Nerden benimki oluyormuş saçmalamayın!" diye tepki gösteriyordu.

Furkan artık anlaşılmak istiyordu. Bu aşkı saklamaktan usanmıştı. Dili sussa gözleri bağırıyordu. Sokakta yürürken kafasını kaldırıp da kimseye bakmıyordu. Yanlışlıkla da olsa güzel bir kızla göz göze gelse, Zeynep'e ihanet etmiş gibi hissediyor ve o gün kendini cezalandırıyordu. Bu yüzden yolda yürürken kafasını yerden hiç kaldırmıyor, hep kaldırımlara bakıyordu. Bu aşk onun bünyesini bile etkiler olmuştu. Eğer çok acıkmışsa aklına Zeynep'i getiriyor, açlığını bile unutuyordu. Onu hayatta Zeynep'sizlik kadar hiçbir şey üzemezdi. Onun dışındaki tüm acılar teferruattı.

İstiyordu ki Zeynep ona karşı olan duygularını anlasın ve bir karşılık versin. Bir gün anlaşılacağını anlatamamanın ezikliğini yaşıyordu. İnsanın içinde gizli bir sevda taşıması o kadar zordu ki. Vardı ama yoktu. Ne kadar acıtan bir durumdu bu. Bir yaraya ha bire acı sürmekti. Senin olmayan birini tıpkı seninmiş gibi kaybetme korkusu yaşamaktı. Tam karşında görüyorsun ama dokunamıyorsun. Gözlerinde kaybolmak isterken bir iki saniyeden fazla göz göze gelemiyor, bakışlarını kaçırmak zorunda kalıyorsun. Her zaman gördüğün ellerini her zamankinden daha fazla özlüyor, hiç unutmadığın gözlerini her görüşünde yeniden hatırlıyorsun. Onunla yürüdüğün yollardan onsuz geçerken bastığın taşlar içine batıyor sanki. O an ne yaptığını deli gibi merak ediyorsun ama bu düşünceden hızla kurtulmaya çalışıyorsun. Çünkü onu o kadar merak etmeye hakkın yok! Sınırlarla çizilmiş hayaller kuruyorsun. O sınırın kapılarına çarpıp çarpıp geri dönüyorsun. Kendi yazdığını kendin siliyorsun her sefer. Suda bile nefes alabilirken karada boğuluyorsun. Bir yanını toparlamaya çalışırken, diğer yanını ziyan ediyorsun. Sınırları olan hayaller o hayali kuranları gülümsetir sadece... Ama asla mutlu etmez! Ne kadar da acımasız bir masaldı, içinde senin olmadığını bildiğin başka hayata ait birini sevmek. Ona bakıyor, kendine "Seni seviyorum..." diyorsun. Hiçbir yanınla uzlaşamıyorsun. Aklın başka söylerken, kalbin başka atıyor. Ona ait kuytuların yalnızlığını çekmek ne zordu. Bir imkânsızın parçası olmak... En konuşmak gereken yerde susmak... Elindeki tek varlığın olan yokluğuna sığınmak. Onsuz olup yalnız olamamak... Hep gitmeyi düşünüp, gözlerine takılıp takılıp düşmek...

Düşünsene içinde bir sır var ve sen her gün bu sırrı büyütüp, büyüttüğün sırra her gün daha da âşık oluyorsun. Kendini toplamak için içindeki o'nu dağıtmak zorunda kalıyorsun, sonra dağıttığın o'nu yine sen topluyorsun.

Onu içinde titrek bir mum alevi gibi taşıyorsun, o alevi hep görebilmek için gündüzlerini geceye çeviriyorsun.

O kadar zordu ki insanın içinde gizli bir sevda taşıması... Yalnızsın ama hep eli elinde sanıyorsun... İşte böyle bir durumdu Furkan'ın yaşadığı... Gizli bir aşktı ve kimseye hesap vermek zorunda değildi. Kavgasını da sevdasını da içinde yaşardı. Bilinen bir dinin bilinmeyen mezhebiydi. Belki de böylesi iyiydi. Onun yanında mutlu olduğu bilinse, o mutluluk kıskanılabilirdi. Gizli sevda bir kitabın "içindekiler" bölümü gibiydi. Hiç başlamamış bir gecenin bitmek bilmemesiydi. Kimselerin okumadığı, bakmadığı... Gizli sevda bir hafıza hastalığı gibiydi... Unuttuğun her şey tanıdık gelirdi... Hiç bitmeyecek bir gecenin hiç gelmeyecek sabahını bekler gibiydi Furkan. Sonu mutlak mağlubiyet olan bir bitişe doğru yürüyecekti. Varlığından çok yokluğuna sarılacaktı.

Tüm bu duygu yaralanmaları onda iyileşmeyecek yaralar açıyordu. Ama her şeye rağmen umudunu yitirmemişti Furkan. Bir gün Zeynep onu fark edecekti. Tüm çabası bunun içindi.

Zaman akıp gidiyordu. Furkan sınıfta kalmak istemesine rağmen bunu başaramamış, liseyi zamanında bitirmişti. Üniversite sınavlarına girmeyip askere gitmeye karar vermişti. Belki askerde içindeki bir yara gibi büyüyen bu aşk yok olurdu. Belki askerde Zeynep'i unuturdu. Ama hiçbir şey istediği gibi olmadı. Askerliği boyunca ne Zeynep'ten bir haber aldı ne de onu ailesine sordu. Her şeyi sivil hayatında bırakmış, askerliğini layıkıyla yapmaya çalışmış, kendini onu düşünmemeye koşullamıştı. Olmayacak bir şeydi. Artık kendine bir yol çizmeliydi. Belki başka biri hayatına girer, onu severdi. Belki de onu Zeynep'ten daha çok sever, daha mutlu bir hayat sürerdi. Hepsi ihtimal dahilindeydi. Askerdeyken bunları çok düşündü. Onu aklına getirmemeye çalışıyor, zaman zaman başarıyordu. Sürekli aklıyla kalbi arasında gidip geliyordu. Çok yorucu bir savaştı bu.

Sivil hayatında yapmış olduğu spor eğitim zamanı işine yarasa da, askerlikle ilgili aldığı teorik eğitimlerde başarısız oluyordu. Çünkü ne zaman komutanları askerlik eğitimi ile ilgili bir şeyler anlatmaya başlasa Furkan'ın aklı yine Zeynep'e gidiyordu...

O kadar dalıyordu ki ancak komutanından sert bir azar işitince kendine gelebiliyordu. Çok zor geçmişti askerliği. Kendisinin Zeynep'in etkisinden kurtulup kurtulamamış olduğunu ancak ve ancak onu görünce anlayacaktı. Sonunda o zor askerlik bitti ve Furkan evine döndü.

Bu arada Zeynep, bir yandan okulun son yılını başarıyla tamamlarken diğer yandan gireceği üniversite sınavına hazırlanıyordu. Son bir buçuk yıl ise Furkan'sız geçmişti. Bunun eksikliğini çok da hissetmemişti ama bazen okul çıkışlarında gözleri onu aramıyor da değildi.

Zeynep büyüdükçe daha da güzelleşmiş, güzelliği ile dillere destan bir hal almıştı. Okulun son yılı ona birçok çıkma teklifi gelmiş ama bunların hiçbirine olumlu yanıt vermemişti. Okulun en yakışıklı çocukları da olsa bu teklifleri yapanlar, onun yapması gereken daha önemli şeyler vardı... Bir an önce okulu bitirip, üniversitede istediği bölümü kazanmak gibi mesela...

Furkan'ın yaptığı spor ve askerlikte geçen zaman işe yaramıştı. O artık, bir seksen beş boyunda, geniş omuzlara sahip, üçgen vücutlu, karnında baklava dilimi kasları olan mükemmel fizikte genç bir adamdı. Yüzü de değişmişti. O çocuksu ifade gitmiş, yerini daha olgun ve erkeksi bir görünüme bırakmıştı. Sert bakışları, içinde duygusallık taşıyan gözleriyle bütünleşmişti. İkisi de değişmiş, daha da güzelleşmişti aslında. Zeynep onun son halini gördüğünde çok şaşırmış ve kalbi hızlı hızlı çarpmıştı. Furkan'ın askerden döndüğü serin bir yaz akşamında onların evinde toplanmışlar ve hep birlikte yemek yemişlerdi. Uzun zaman sonra birbirlerini ilk kez görüyorlardı. O gece Furkan Zeynep'i hâlâ unutamadığını, onu hâlâ deli gibi sevdiğini, Zeynep'se Furkan'a karşı duygularının değiştiğini anlamıştı. Yemekten sonra bahçeye inmişler ve apartmanın çardağında oturup sohbet etmişlerdi. Birbirlerini ürkütmemeye dikkat eden iki ürkek kumru yavrusu gibiydiler.

"Nasıldı, zor muydu askerlik?"

"Zor diyemem. Ama daha kolay olabilirdi."

"Nasıl yani anlamadım?"

"Ya askerlik zor değil aslında onu zorlaştıran bizleriz. Güle oynaya gelip üzülerek gidenler de vardı, üzülerek gelip güle oynaya gidenler de... Her şey sende bitiyor aslında. Askere kafanın içinde nelerle geldiğin önemli..."

"Senin kafanın içinde neler vardı peki?"

"Bunu tahmin edebileceğini düşünüyorum."

"Aslında ediyorum ama boş verelim şimdi."

"Peki boş verelim. Sen neler yapıyorsun? Nasıl gidiyor son senen?"

"Derslerim iyi. Bir yandan da üniversiteye hazırlanıyorum. Hedeflerim yüksek."

"İnşallah başarırsın."

"İnşallah. Eee? Askerliğin de bitti. Şimdi ne yapmayı düşünüyorsun?"

"Senin üniversite sınavına girmeni bekleyeceğim. Belki bu arada gümüş işiyle de uğraşabilirim."

"Neden benim sınava girmemi bekleyeceksin?"

"Ben de seninle gireceğim çünkü. Unuttun mu yoksa? Her zaman seninle aynı üniversitede okumak istemişimdir. Hayalimin yarım kalmasını istemiyorum."

"Unutmadım."

"Bunu sen de istiyor musun hâlâ?"

"Evet, ben de istiyorum."

"O halde anlaştık."

Birbirlerine gülümsediler. Tatlı bir rüzgâr esiyordu o sırada. Zeynep'in saçları o rüzgârda havalanıyor, omuzlarının üstünde adeta dans ediyordu. Giderek daha da güzelleşmişti. Furkan o gün ondan asla vazgeçemeyeceğini bir kez daha anlamıştı. O gün ikisi de çok mutluydu. O günden sonraki günlerse daha uzundu ikisi için de...

Furkan'ın kendisine karşı olan duygularını artık çok iyi biliyor ama bu duygulara karşılık verme konusunda kararsız kalıyordu Zeynep. Önce kendi duygularından emin olmalıydı. Ona karşı beslediği kardeşlik duygusunu bir türlü aşamıyordu. Ama yine de içinde adını koyamadığı bir his besliyordu. Bazen onu özlüyor, bazen türlü bahanelerle yanına yaklaşan Furkan'dan uzaklaşmak istiyordu. Baktığı her yerde bir şekilde Furkan'ı görüyor olması onu rahatsız ederken içten içe mutlu da ediyordu aslında. Furkan'ın bakkala giderken bile kendisini birkaç saniye görebilme ihtimalini değerlendirmek için yolu uzatarak evlerinin önünden geçtiğini biliyordu mesela... Tıpkı her fırsatta evlerine bir bahaneyle gelmek istediğini bildiği gibi...

Hâlâ ona uzaktan bakıyordu Furkan yanık bir türkü gibi... Yan yana ama birbirlerine karışmadan akan iki deli ırmak gibiydiler. Birbirlerine karışmadan, birbirleri için coşan iki nehir gibi... Rüzgârın esmesiyle yapraklarının hışırtılarını duyduğu ama dokunamadığı bir ağacın gölgesinde oturmak ve bundan hiç şikâyet etmemek gibiydi uzaktan sevmek. Dokunsa kirletmekten korkardı, dokunmasa unutmaktan...

Zeynep ondaki bu değişimi fark etmişti ama bu kadar hızlı gelişmesinin sebebinin kendisi olduğunu bilmiyordu hâlâ... En yakın kız arkadaşları bile okulda durmadan Furkan'dan büyük bir heyecanla söz ediyor, ona âşık olduklarını dile getiriyorlardı her seferinde. Aralarında Furkan'ı kapma savaşı başlamıştı sanki. Zeynep tüm bu olanlara şahitlik ederken bir yandan olayları alaycı bir gülümsemeyle karşılıyor, diğer yandan da içten içe kıskanıyordu. Çünkü o da artık Furkan'ın etkileyici biri olduğunu biliyor ve onun etki alanına girmekten kendini alamıyordu. Bu kadar çok kızın ona âşık olması hoş bir durum değildi Zeynep için ama o, Furkan'ın sadece kendisini sevdiğini çok iyi biliyordu ve bunu bilmek onda gizli bir iç rahatlığına sebep oluyordu.

Durum gerçekten de böyleydi. Furkan asla başka bir kıza bakmazdı. Onun için hayatındaki tek aşk Zeynep'ti. Bir gün duygularına karşılık bulacağı ümidiyle yaşıyordu. Zeynep'e gelen çıkma teklifleri gibi Furkan'a da gelen bir yığın teklif vardı. Hatta bazı kızlar onun vakit geçirdiği mekânlara önceden gidip saatlerce gelmesini bekliyor, fakat umduğunu bulamayıp bu avdan eli boş dönüyorlardı. Furkan o kızlara dönüp bakmak bir yana kafasını yerden kaldırmadan yaşamaya devam ediyordu. Tıpkı eskisi gibi...

Zaten baktığı her yerde o vardı. Furkan, Zeynep için yaşıyordu. Onu uzaktan sevmeye ve beklemeye devam ediyordu. Asla ulaşamayacağı kıyılara köprüler kuruyor, kendi kurduğu köprülere tek bir adım atamıyordu. Bazen onu arkadaşlarıyla gülüşürken görüyor, farkında olmadan kendi de gülümsüyordu. Ama bunu fark ettiği an yüzündeki o gülüşü saklamak zorunda kalıyordu. Çünkü karşılığı olmayan bir gülüşü nedensiz taşıyamazdı yüzünde.

Zeynep onun için hep yarım kalan bir yarındı. Bir denizdi Zeynep onun için; yalnızca ve yalnızca çıplak ayaklarıyla kıyılarında yürüyebildiği, asla derinlerinde yüzemediği... Tek dileği onun adıydı. Ve kendi hayalleriyle kendini zehirliyordu. Ne acıydı kalbinin içindekini uzaktan sevmek. Bir gün tüm cesaretini toplayıp aşkını itiraf etse, kalbini ona açsa ne olacaktı peki? O kalbe sahip çıkmadığı için ona mı küsecekti yoksa yersiz cesareti için kendine mi? En doğru kararı vermeye çalışıyordu. Ama genç ve toydu. Doğru kararların tecrübelerle edinildiğini, tecrübelerinse yanlış kararlarla kazanıldığını bilmiyordu.

Yine de koruyordu kendini. Kalbinin kırılacağından korktuğu için kendine itiraf edemediği cümleleri vardı. Bir kere bile kurmadı o cümleleri kendisini yaralamaktan, kendisini ezmekten, kendisiyle kendine yenilmekten korktuğu için... Bir kere bile dile gelmedi o saklanan cümleler. İşte böyle korudu kendini uzun zaman. Belki de geleceği geciktiriyordu sadece. Kendine kısa bir mola veriyordu; kaçınılmaz olanı nasıl olsa yaşayacağından...

Seveceği bir hayatı yaşayamayacaktı belki de... Ve sonunda yaşayacağı hayatı sevmek zorunda kalacaktı. Ah bu durum ne zaman sonlanacaktı? Belki de sonlanmış bir şeyi bittiğini anlamadan sürüklüyordu peşinden? Keşke... Ah keşke sustukları duyulabilseydi.

Belki de ikisinin de arasında adı konmamış gizli bir anlaşma vardı... Belki de ikisi de birbirlerine ait olacakları günü bekliyor, kendilerini birbirlerine saklıyorlardı kim bilir?

Beklenen gün gelip çatmıştı. Aylar öncesinden konuşmuşlar ve Furkan, Zeynep'e hangi okulu istediğini sormuş, o da Boğaziçi Üniversitesi cevabını vermişti. O günden sonra artık Furkan'ın da hedefi aynı üniversite olmuştu. Zor olacağını ikisi de biliyordu. Hedef büyüktü. Zeynep çok iyi hazırlanmıştı ama Furkan'ın da ondan kalır yanı yoktu. O sabah ikisi de çok heyecanlıydı. Anne ve babaları onlarla gelmiş, kapıda heyecanla beklemişlerdi. İkisi için de zor bir sınav oldu. İlkönce Furkan çıktı ve ailesiyle birlikte Zeynep'i beklemeye başladı. Zeynep çıktığında önce babasına sarıldı. Üzgündü. Sınav istediği gibi geçmemişti. Yüzünde bir ümitsizlik hâkimdi. Furkan, konuyla ilgili herhangi bir yorumda bulunmadı. Kendisi için çok iyi geçen bir sınavdı ama sevdiği kız o haldeyken bunu söyleyemezdi. Zeynep ona dönüp "Seninki nasıl geçti?" diye sorduğunda yarım ağızla "Fena değildi. Zordu..." dedi. O yaz onlar için çok sıcak bir yaz olacaktı.

Bütün bir yazı aileleriyle birlikte beraber geçirdiler. Sınav sonuçlarını beklerken, o stresten biraz uzaklaşabilmek adına yakın yerlerde yapabilecekleri kısa tatilleri tercih ettiler. Onlar için en güzel olan tatil Kınalıada'da yapılan o bir haftalık tatildi. Hayatlarının dönüm noktası oldu o tatil. Aileleriyle birlikte yaptıkları o tatili Furkan ve Zeynep için ayrıcalıklı kılan şey, bir hafta boyunca hiç ayrılmadan yan yana olmaları ve Furkan'ın duygularına Zeynep'in karşılık vermesiydi. Bunu bekliyordu işte Furkan. Aslında bir şeylerin yolunda gitmemesi değil, yolunda gidiyormuş gibi gitmesiydi onu yıkan, üzen... Bu durum değişiyordu yavaş yavaş. Bir yağmur gelecekti ama yağmurundan çok gök gürültüsü vardı. Ama sonunda indi o yağmurlar...

O gün Kınalıada'ya gitmek üzere hep birlikte vapura binmişlerdi. Zeynep ona bir yazı okuyacağını söyledi. Furkan merakla dinliyordu:

Ne hasta bekler sabahı
Ne taze ölüyü mezar
Ne de şeytan bir günahı
Seni beklediğim kadar...

— N. Fazıl Kısakürek

"Üniversiteli delikanlı kolejli kıza bir voleybol maçında rastladı. Okul salonundaydı maç. Tribünsüz, minik bir salon... Seyircilerle oyuncular arasında sahanın çizgileri vardı sadece... O kadar yakındılar... Delikanlı, bu tatlı, bu güzel, bu dünyalar şirini kızı ilk defa görüyordu takımda... Hoşlandığını, fena halde hoşlandığını hissetti. Az sonra bir şeyi daha hissetti. Uzun zamandan beri maçı değil, o güzel kızı izlediğini... Kız servis atarken hemen önünden geçti. Göz göze geldiler... Kız gülümsedi... Delikanlı çok popülerdi o yıllarda... Kız onu tanımış olmalıydı. Kim bilir, belki kız da ondan hoşlanmıştı... Belki de delikanlı öyle olmasını istediği için ona öyle gelmişti... Set değişip, takım karşıya gidince, delikanlı da yerini değiştirdi, o da karşıya gitti... Üçüncü sette tekrar eski yerine döndü... Kız da gidiş gelişleri fark etmişti galiba... Bir defa daha gülümsedi. Manidar, 'Anladım...' der gibi bir gülümseyişti bu. Delikanlı o hafta boyu hep bu dünyalar şirini kızı düşündü... Pazar günü sabahın köründe kalktı, erkenden oynanacak maçı seyretmek, ne maçı canım, o dünyalar şirini kızı görmek için... Delikanlı artık kızın hiçbir maçını kaçırmıyordu... Dahası, Ankara Koleji'nin her dağılış saatinde okul civarında oluyordu, onu bir kez daha görmek için... Karşılaştıklarında, hafif, çok hafif bir gülümseme, çok minik bir baş eğmesi ile selamlaşır olmuşlardı... Bir defasında, yaptığına sonra kendisi de günlerce güldü... O gün yine tesadüfmüş gibi, okul dağılırken kızın karşısına çıkmış, gülümseyerek selamlamış, sonra arka sokaklara dalıp, yıldırım gibi koşarak, bir blok ötede yine karşısına çıkmıştı kızın. Kız bu defa iyice gülmüştü, karşısında sözüm ona ağır ağır yürüyen ama nefes nefese delikanlıyı görünce... Delikanlı, voleybol takımının kaptanını iyi tanıyordu. Arkadaştılar. Sonunda bütün cesaretini topladı, kaptana açıldı... O kızdan fena halde hoşlanıyordu. Galiba kız da ona karşı boş değildi. Bir yerde, bir şekilde tanışmaları gerekiyordu... O zamanlar, bu işler böyle oluyordu çünkü... Kaptan 'Tabii...' dedi. 'Bu hafta sonu güzel bir konser var. Biz onunla gitmeye karar vermiştik zaten. Sen de gel. Hem konseri birlikte izleriz hem de tanışırsınız...' Mutluluk işte bu olmalı diye düşündü delikanlı. Mutluluk işte bu... Ve konser gününe kadar geceleri hiç uyuyamadı... Konser gününü de hiç ama hiç unutmadı... O ne heyecandı öyle... Konserin verildiği sinemanın kapısında tanıştılar... El sıkıştılar... O güzel ele dokunduğu anı da hiç unutmadı delikanlı... Kaptan, salona girdiklerinde, ustaca bir manevra daha yaptı. Delikanlı ile dünyalar şirini kız yan yana düştüler. İnanamıyordu delikanlı... Onunla nihayet yan yana oturduğuna, onun sıcaklığını hissettiğine, onun nefesini duyduğuna inanamıyordu... Biraz önce tanışırken tuttuğu el, bir karış ötesinde öylesine duruyor, delikanlı, sahnede dünyanın en romantik şarkısı söylenirken (o an dünyanın bütün şarkıları dünyanın en romantik şarkısıydı ya) o eli tutmak için öylesine büyük bir arzu duyuyordu ki içinde... Ama uzatamıyordu işte elini... Her şey böyle iyi giderken, yanlış bir hareketle, onu ürkütebileceğinden, incitebileceğinden öylesine korkuyordu ki... Sonunda dayanamadı, sanki kolu uyuşmuş gibi, uzandı... Kolunu kızın koltuğunun arkasına koydu... Kızın omzuna değil... Koltuğun üzerine... Sonra kız arkaya yaslandı... Birkaç saç teli, delikanlının elinin üzerine dokundu... Kalbi yerinden fırlayacak gibi atıyordu artık genç adamın... Dünyalar şirini kızın saçları eline dokunuyordu çünkü... Konserden çıkarken kız şakayla karışık, 'Sizi her maçımızda görüyoruz. Alıştık nerdeyse... Yarın Adana'da maçımız var... Gözlerimiz sizi arayacak...' dedi. Hayır, aramayacaktı... Delikanlı o anda kararını vermişti çünkü... Cebinde otobüsle Adana'ya gidip gelebileceği, hatta öğle yemeğinde bir de Adana kebabı yiyebileceği kadar para vardı... Gece yarısı kalkan otobüse bindi... Sabah erkenden Adana'ya indi. Maç saatine kadar başıboş dolaştı. Salona erkenden girdi, en ön sıraya tam servis köşesine en yakın yere oturdu... Takımlar sahaya çıkarken, salondaki en heyecanlı seyirci oydu. Maç falan değildi sebep tabii... İlk sette kız farkında bile değildi onun... Nerden olsundu ki? İkinci sette öbür tarafa gittiler... Döndüklerinde, üçüncü sette kız fark etti delikanlıyı... Yüzünde çok ama çok şaşkın bir ifade, biraz mutluluk, biraz da gurur vardı sanki... Ankara'nın hele kolejde çok popüler bu delikanlısının onun için ta oralara geldiğini bilmenin gururu... Maç bitti. Kız soyunma odasına, delikanlı terminale gitti. Tek kelime konuşmadan... Konuşmaya gelmemişti ki... Kız 'Keşke orada olsaydın...' demişti. O da olmuştu işte... Hepsi o... Ona o kadar çok şey söylemek istiyordu ki aslında... Bir gün üniversite kantininde gazete okurken, iç sayfalarda bir şiire rastladı. Daha doğrusu bir şiirden alınmış bir dörtlüğe... Söylemek istediği her şey bu dört dizede saklıydı sanki... Bembeyaz bir karta yazdı o dört dizeyi... Öğleden sonrayı zor etti, kolejin önüne gitmek için... Kızın karşıdan geldiğini gördü. Koşarak yanına gitti. 'Bu sana...' diyerek kartı eline tutuşturdu ve kayboldu ortadan, kız, Necip Fazıl'ın dizelerini okurken...

'Ne hasta bekler sabahı
Ne taze ölüyü mezar
Ne de şeytan bir günahı
Seni beklediğim kadar...'

Ertesi gün öğleden sonra, tarif edilemez heyecanlar içinde kolejin önündeydi yine... Kız karşıdan geliyordu... Bu defa yanında arkadaşları yoktu. Yalnızdı... Yaklaştığında işaret etti delikanlıya... Gözlerine inanamadı genç adam... Onu yanına mı çağırıyordu yoksa? Evet, çağırıyordu işte... Kalbinin duracağını sandı yaklaşırken... 'Sana bir şey söylemek istiyorum...' dedi kız. O da heyecanlıydı, belli... 'Bak iyi dinle... Dünkü dörtlük için çok teşekkürler... Herhalde hissettin, ben de senden hoşlanıyorum. Ama senden evvel tanıdığım birisi daha var. Ondan da hoşlanıyorum ve henüz karar veremedim, hanginizden daha çok hoşlandığıma... Ve de şu anda, onu terk etmem için bir sebep yok.' Delikanlı, 'O zaman karar verdiğinde ve de eğer seçtiğin ben olursam, hayatında başka kimse olmazsa, ara beni' dedi ikiletmeden... Ayrıldı kızın yanından... Bir daha voleybol maçına gitmeden, bir daha okul yolunda önüne çıkmadan... Bir daha onu hiç görmeden... Yıllarca sonra Levent'in söyleyeceği şarkıdaki Sezen'in sözlerini o zaman biliyordu sanki. Aşk onurlu olmalıydı... Günlerce, haftalarca, aylarca bekledi... Tıpkı, kıza verdiği o dörtlükteki gibi bekledi... Hastanın sabahı, şeytanın günahı beklediği gibi bekledi... Heyecanla bekledi. Hırsla, arzuyla bekledi. Umutla, umutsuzlukla bekledi. Bazen öfkeyle bekledi... Ama bekledi... Başka hiç kimseye bakmadan, başka hiç kimseyi bulmadan bekledi. Bir gün bir şiir antolojisinde şiirin tamamını buldu... İki dörtlüktü şiir... İlki kıza verdiği... Bir ikinci dörtlük daha vardı o kadar... O dörtlüğü de bir kartın arkasına dikkatle yazdı... Cebine koydu... Bekleyiş sürüyor, sürüyordu... Okullar kapandı, açıldı... Aylar, aylar geçti... Bir gün delikanlı kızı aniden karşısında gördü... 'Günlerdir seni arıyorum... İşte sana haber... Artık hayatımda hiç kimse yok!' dedi kız. 'Ya?' diye karşılık verdi delikanlı... Kalbi heyecandan ölesiye çarparken, aylardır ölesiye beklediği an gelip çatmışken, ağzından sadece bu sözcük çıkmıştı: 'Ya?' Cebinde artık iyice eskimiş kartı uzattı kıza... 'Sana bir şiirin ilk dörtlüğünü vermiştim ya bir gün...' dedi. 'Bu da sonu onun...' Sonra yürüdü gitti, arkasına bile bakmadan, kız ikinci dörtlüğü oracıkta okurken...

'Geçti istemem gelmeni
Yokluğunda buldum seni
Bırak vehmimde gölgeni
Gelme artık neye yarar!'

Aradan yıllar, çok ama çok uzun yıllar geçti. Delikanlı bugün hâlâ düşünüyor... O uzun, çok uzun bekleyiş mi öldürmüştü aşkını? Ya da beklerken, ölesiye beklerken hayalinde öylesine bir sevgili yaratmıştı ki, artık yaşayan hiç kimse bu hayali dolduramazdı... O sevgilinin kendisi bile... Hayalindekini canlı tutmak için mi canlısını silmişti yani? Ya da... Ya da... Bir şiirin romantizmine mi kapılmış, bir delikanlılık jesti uğruna, mutluluğunun üzerinden öylece yürüyüp gitmişti acaba? Delikanlı bu soruların yanıtını bugün hâlâ bilmiyor... Bilmediğini de en iyi ben biliyorum... Çünkü delikanlı, bendim!"

Yazıyı okumayı bitirince gülümseyerek baktı Furkan'ın yüzüne. "Ben çok etkilendim. Ne güzel bir hikâye değil mi?" diye sordu sonra. Furkan, o hikâyeyi neden kendisine okuduğunu düşünüyordu. Hiçbir şey söyleyemedi. Acaba Zeynep ona bu hikâye aracılığıyla bir mesaj mı vermek istiyordu? İyiden iyiye kafası karışmıştı. Boş gözlerle Zeynep'e bakıyordu.

"Eee? Bir şey sormayacak mısın Furkan?"

"Ne sormam gerekiyor?"

"O hikâyedeki delikanlının kim olduğunu mesela?"

"Ah evet. Kimmiş o delikanlı?"

"Hıncal Uluç. Kendisi yazmış hem de..."

"Gerçekten mi?"

"Evet. Gerçekten. Şaşırdın değil mi?"

"Şaşırdım doğrusu."

"İlk okuduğumda ben de çok şaşırmıştım. Bunu hemen Furkan'la paylaşmalıyım dedim kendi kendime."

"Ne iyi ettin."

Furkan hâlâ o hikâyeden nasıl bir sonuç çıkarması gerektiğini düşünüyordu. Bu kafa karışıklığı yolculuk boyunca devam etti.

Ada vapurundan iner inmez kalacakları otele doğru yürüdüler. Furkan, Zeynep'in taşımakta zorlandığı valizini kıvrak bir hamle ile elinden alıp kendi taşımaya başladı. "Çok ağır olur taşıyamazsın Furkan" dediğinde Zeynep, alacağı cevabın ağırlığı altında bu kadar ezileceğini hiç düşünmemişti.

"Bu ne ki Zeynep? Sen benim içimde taşıdıklarımın ağırlığını bir bilsen..."

Kısa bir süre sonra kalacakları otele geldiler. Vapurdan indikten sonra beş dakikalık bir yürüyüş mesafesindeydi bu otel. Kınalıada'nın tek oteli olan Kınalı Butik Otel.

Az ötede kalınabilecek bir yer daha vardı ama orası küçük bir pansiyondu. Furkan'ın babası aylar öncesinden rezervasyon yaptırmıştı. Yoksa bu mevsimde kalacak oda bulmak neredeyse imkânsızdı bu otelde. Gidecek başka adalar da varken Kınalıada'yı tercih etmelerinin sebeplerinden biri de bu adanın fayton olmayan tek ada olmasıydı. İnsanları taşımakta zorluk çeken ve sahipleri tarafından eziyet edilen o yaşlı ve bakımsız atları gördükçe insan nasıl zevk alabilirdi o tatilden?

Resepsiyonda Türkçesi hafif lehçeli olan esmer çekik gözlü bir kız karşıladı onları. Bir taraftan giriş işlemlerini yaparken, diğer taraftan sabah kahvaltı saatinin sekiz-on bir arasında olduğunu anlatıyordu. İşini ustaca yapıyordu ve eli çok çabuktu. Kayıt işini çabucak halletti ve hep beraber yukarı çıktılar. Onlara güler yüzüyle eşlik etti.

İki ailenin odaları yan yanaydı. On altı ve on yedi numaralı odalarda kalacaklardı. O odaları özellikle seçmişlerdi çünkü balkonları ortaktı ve denizi en iyi gören yer orasıydı. Akşam hep birlikte günbatımını izleyeceklerdi. Yerleşir yerleşmez önce duş alıp sonra etrafı dolaşmak için dışarı çıktılar. Güneş tam tepedeydi ama neyse ki adanın tatlı rüzgârı onlara eşlik ediyordu.

Yazın tam ortasıydı ve bu mevsimde ada çok kalabalık olurdu. Sahilde gezinti yapan insan seline karıştılar. Bir süre sonra acıktıklarını fark edip yemek yiyebilecekleri bir lokantaya girdiler. Burası diğer yerlere nazaran daha sakin görünüyordu. Yemekler yendikten sonra tekrar otele dönüldü. Amaç biraz dinlendikten sonra ada turuna devam etmekti ama planladıkları gibi olmadı. Anne ve babalar yemeğin de vermiş olduğu rehavetle uzandıkları yatağın üstünde uyuyakaldılar. Bunu fırsat bilen Furkan ve Zeynep turun devamını birlikte yapabilmek için üstlerini değiştirir değiştirmez tekrar dışarı çıktılar. Şimdi kendilerini daha özgür hissediyorlardı.

Vakit akşamüstüne yaklaşıyordu. Ada insanları akşam yapacakları program için telaşlı adımlarla yürürken sahil boyu sakin bir yürüyüşün ilk adımları atılıyordu Furkan ve Zeynep tarafından.

"Bir şey sorabilir miyim Furkan?"

"Elbette Zeynep."

"Otele gelirken bir cümle kurdun hatırlıyor musun?"

"Hayır. Ne dedim?"

" 'Bu ne ki Zeynep? Sen benim içimde taşıdıklarımın ağırlığını bir bilsen...' dedin."

"Evet."

"Bana ne demek istediğini açıklar mısın?"

"Açık değil mi?"

"Bence değil. Altında çok fazla anlam yatıyor bu söylediğinin. Bunu nasıl anlamalıyım?"

"Nasıl anlamak ve algılamak istersen öyle..."

Bunu söylerken gözünü iskeleye yanaşan vapurlardan ayırmıyordu. Zeynep ise merak dolu bakışlarla onu izliyordu. Vapurdan boşalan insan kalabalığı sanki onların üstüne üstüne geliyordu. Onlardan kurtulmak istercesine ürkek bir hamleyle Furkan'ın kolunu tutup çekti kendine doğru. Birbirlerine hiç bu kadar yaklaşmamışlardı. İkisinin de kalp atışları hızlanmıştı. "Başka bir yere gidelim mi?" diye sordu Zeynep. Furkan, başıyla onayladı.

Tekrar otele döndüler. Yukarı çıkmak istemediler. Havuzun hemen yanında yer alan ve sabah kahvaltısı için hazırlanmış kapalı alana geçtiler. Masaların hepsi boştu. Rasgele birine oturup içecek siparişi verdiler. Zeynep, içmekten asla vazgeçmeyeceği buz gibi kolasını yudumlarken, ona sürekli "İçme şu kolayı çok zararlı" diyen ama en sonunda hiçbir şeyin değişmeyeceğini görüp pes eden Furkan soğuk sodasını içiyordu.

"İçeceklerimizi kimin getirdiğini fark ettin mi Furkan?"

"Evet, fark ettim. Resepsiyonda işlemlerimizi yapan kız..."

"Her işi yapıyor galiba?"

"Küçük otellerde öyledir."

"Nasıldır?"

"Herkes her işi yapar."

"Çalışanlar ne kadar güler yüzlü bunu fark ettin mi peki?"

"Evet, fark ettim. İşlerini severek yapıyorlar. Küçük yerlerin en önemli özelliğidir bu."

Bu konuşmalara şahit olan resepsiyonist kız sıcak bir gülümsemeyle sohbete misafir oldu.

"Evet, çok haklısınız, gerçekten de işimizi severek yapıyoruz."

Oturdukları masada duran boş sandalyeyi işaret ederek "Bize katılmaz mısınız?" diye sordu Zeynep.

"On dakika molam var. Şu elimdekileri bırakıp hemen geliyorum" diye cevap verdi kız. Aradan çok zaman geçmeden de geri geldi.

"Adım Tavus Zeynep Hanım" dedi ve elini uzattı. Zeynep, Tavus'un elini sıkarken "İsmimi unutmamışsınız" dedi.

"Kayıtlarını yaptığım hiçbir müşterinin adını unutmam" dedi kız gülümseyerek. Sonra Furkan'a dönerek ona da elini uzattı ve "Siz de Furkan'dınız değil mi?" dedi.

Furkan Tavus'un elini sıkarken "Memnun oldum" dedi çekinerek.

"Ben de çok memnun oldum" dedi kız. "Umarım otelimizden memnun ayrılırsınız."

Zeynep, kafasında dönüp duran soruya cevap almak adına atıldı.

"İsminizin anlamı nedir? Ben ilk defa duyuyorum böyle bir isim. Yanlış anlamış olabilir miyim?"

"Hayır, yanlış anlamadınız. Tıpkı duyduğunuz gibi Tavus. Yani tavus kuşu anlamında..."

"Ben yanlış anladığımı düşünmüştüm ama demek doğruymuş."

"Ben Türkmenistanlıyım. Bizim oralarda bu isim çok normaldir ama Türkiye'de biraz tuhaf karşılanıyor tabii... Alıştım ben buna."

"Lehçenizden, farklı bir ülkeden olduğunuzu anlamıştım" diyerek sohbete katıldı Furkan ve devam etti.

"Otel hakkında biraz bilgi edinebilir miyiz?"

"Tabii ki. Adanın tek oteliyiz. Burası aslında Garabet Bey'in eviydi. Garabet Üçkardeş. Aslen Kayserili. Kendisi bu adada kurulan ilk ve tek yazlık sinemanın sahibidir."

Bunu duyar duymaz atıldı Zeynep.

"A ne güzel. Artık kalmadı yazlık sinemalar." Sonra Furkan'a dönerek, "Akşam gidelim mi?" diye sordu.

Tavus araya girdi o arada.

"Ah maalesef gidemezsiniz çünkü diğer tüm yazlık sinemaların yaşadığı kaderi yaşadı o sinema da..."

"Yani şimdi o sinemanın yerinde yükselen binalar var değil mi?" diye sordu Furkan.

"Evet. Aynen dediğiniz gibi."

"Bu oteli ne zaman yapmış Garabet Bey?"

"Otelin bu yıl üçüncü sezonu. Çok eski sayılmayız ama ben iki sezondur buradayım."

"Sahibi de hep burada mıdır?"

"Maalesef kendisi buranın güzelliğini çok fazla tadamadı. Otel açıldıktan üç ay sonra beyin kanaması geçirdi ve vefat etti. Hatta o ölümün ardından otel üç dört ay kapalı kaldı."

"Öyle mi? Çok üzüldüm. Allah rahmet eylesin."

"Âmin. Şimdi otele eşi Hilda Hanım ve üç kızı bakıyor. Yazık oldu Garabet Bey'e. Keşke daha önceden hayata geçirebilseydi hayallerini. Bazen geç kalıyor işte insan. Bizim Türkmenistan'da, 'içinde sakladıkların seninle gider, söylediklerin karşılık bulur sana döner' diye bir söz vardır. Bu yüzden insan içinde saklamamalı yapmak ve söylemek istediklerini. Yarın çok geç olabilir çünkü..."

Tavus sözünü bitirdiğinde resepsiyonun telefonu

çalıyordu. İzin isteyerek ayrıldı masadan. Zeynep Tavus'un arkasından bakarken, "Ne tatlı bir kız değil mi?" diye sordu. Furkan'dan ses gelmeyince yüzünü ona döndü. Gözleri uzaklara dalıp gitmişti. Hayatında ilk defa o gözleri dolu dolu görmüştü Zeynep. Birden yüzü düştü.

"Ne oldu Furkan, iyi misin?"

Tek bir kelime etmeden sustu Furkan. Yüzündeki acı keder adeta esir almıştı onu. Dakikalarca sustu. Zeynep gözlerini onun üzerinden ayırmıyordu. Kaygıyla ağzından çıkacak bir söz bekliyordu.

"Beni korkutuyorsun Furkan, ne oldu söyler misin?" dedi.

Sesi titreyerek cevap verdi Furkan.

"Bazen hiç tanımadığımız biri içimizdeki yaraya dokunur bilmeden. Alelade bir konuşmanın içinde geçen bir cümle yıllardır söylemek isteyip de söyleyemediklerimize yol olur, kılavuzluk eder. Az önce Tavus'un söylediği bir söz tam da bu duruma denk düştü içimde..." dedi ve sustu yeniden.

Zeynep, Tavus'un söylediklerini kafasından geçirip ölçüp biçmeye başladı. Ne demiş olabilirdi ki Furkan'ı bu kadar yaralayan? Aralarındaki sessizliği Furkan bozdu.

"Az önce, 'içinde sakladıkların seninle gider, söylediklerin karşılık bulur sana döner' dedi Tavus. Ne kadar da doğru söyledi. İçimde öyle bir şey var ki belli ki saklarsam benimle gidecek. Ama söylersem belki bana döner."

"Söyle o zaman Furkan. Söyle ki seninle mezara gitmesin. Söyle ki sana dönsün."

"Döner mi dersin?"

"Döner. Vardır belki karşılığı."

"Ya yoksa?"

Aralarında geçen bu hüzünlü konuşma ailelerin yanlarına gelmesiyle son buldu. Sonra hep birlikte dışarı çıkıp akşam yemeği yediler. Gecenin sonunda odalarına çekildiklerinde herkes çok yorgundu. Onlar uykularının en derin yerindeyken, Furkan ve Zeynep yataklarına uzanmış, gözlerini tavana çakmış ve ikisi de bilmeden aynı şeyi düşünüyordu. Furkan, birdenbire yatağından kalkıp ortak balkona çıktı. Çok geçmeden de Zeynep geldi yanına.

"Seni de mi uyku tutmadı Furkan?"

"Evet. Ben de uyuyamadım."

"Oturalım mı?"

Balkondaki beyaz plastik sandalyelere oturup karşı kıyıdan denize yansıyan ışıklara baktılar. Arada bir gemiler geçiyordu önlerinden. Saat sabahın üçü olmasına rağmen martılar hâlâ çığlıklar atıyordu. Seslerini içeride uyuyanlar duymasın diye fısıltıyla konuşuyorlardı. İkisi de bugün yarım bıraktıkları mevzuya dönmek istiyordu aslında ama buna cesaretleri de yoktu. Bu yüzden bilindik konularla sürüyordu sohbet.

"Umarım istediğin sonucu elde edersin Zeynep."

"Neden bahsediyorsun?"

"Üniversite sınavından."

"Nerden geldi şimdi aklına o?"

"Hiç aklımdan çıkmıyor ki... Seninle aynı üniversitede okumayı ne kadar istediğimi biliyorsun."

"Biliyorum ama sen bana çok da umut bağlama. Hayal kırıklığı yaşayabilirim gibime geliyor."

"Öyle düşünmemelisin. Ben sana güveniyorum. Çok çalıştın."

"Evet, çok çalıştım ama sınav sandığımdan daha zordu."

"Peki diyelim ki Boğaziçi Üniversitesi'ni kazanamadın. Ne yapacaksın?"

"Tekrar çalışıp yine gireceğim sınava."

"Ama bence bu sefer alternatifin de olsun elinde."

"Belki laborantlık olabilir."

"Sen bilirsin."

"Peki, sen kazanamazsan ne yapacaksın?"

"Bilmem hiç düşünmedim. Bir iş kurarım herhalde. Bakarsın beraber çalışırız ne dersin? Daha önce bahsettiğim gümüş işi mesela..."

"Olur tabii, neden olmasın?"

Sonra yine bir sessizlik oldu aralarında. Bir türlü asıl konuşmak istedikleri mevzuya giremiyorlardı. Zeynep biraz daha cesaretli davranarak sordu.

"Nasıldı o söz?"

"Hangi söz?"

"Tavus'un bugün söylediği Türkmenistan sözü... Hani şu seni derinden yaralayan..."

"Ha o söz mü? İçinde sakladıkların seninle gider, söylediklerin karşılık bulur sana döner. Hayatta unutmam ben artık bu sözü."

"Seni çok etkilediğinin farkındayım. Ama iyi ki öğrenmişiz bu sözü. Belki bu söz sayesinde söylemediğimiz gerçekleri birbirimize itiraf ederiz. Öyle ya bazen insanın karşısına bir söz çıkar ve hayatını değiştirir."

Zeynep'in bu sözleri çok heyecanlandırdı Furkan'ı... Sanki yıllardır açılmasını beklediği kapı yavaş yavaş aralanıyordu. Ama yine de söze nasıl başlayacağını bilemiyordu. Bu sıkıntıyı fark eden Zeynep'in aklına bir şey geldi o anda.

"Bu sözü öğrenmemizin şerefine bir oyun oynayalım mı?"

"Tamam oynayalım."

"O zaman önce sen başla."

"Ben mi başlayayım? İyi de ben daha oyunun nasıl oynanacağını bile bilmiyorum."

"Nasıl oynanacağını öğretirsem önce senin başlayacağına dair söz verir misin bana?"

"Söz."

"Bugün bu sözü öğrenmemizin şerefine o sözün gereğini yerine getirip, içimizde sakladığımız bir şeyi birbirimize söyleyeceğiz tamam mı? Hadi önce sen başla!"

"Ama sen burada uyanıklık yaptın."

"Ben uyanıklık yapmadım, sen saftın."

Gülüştüler. Birazdan bir itiraf gelecekti Furkan'dan. Ama bu itirafın zemini Zeynep tarafından hazırlanmış, bir yerde kendisine yardım eli uzatılmıştı. Çok heyecanlanmıştı Furkan. İtiraf edeceği gerçekle yaşamak başka bir şeydi, o gerçeği bir çırpıda karşındakine anlatabilmek başka bir şey. Heyecandan dudakları kurudu. Zor yutkunuyordu. Kalbi pır pır edip duruyordu. Kısa bir sessizlikten sonra cesaretini toplayıp konuştu.

"İçimde sakladığım şeyin muhatabı sensin Zeynep. Bunca zaman anlamış olman gerekirdi. Sana karşı özel duygular besliyorum. Yani kısacası ben seni seviyorum. Bana bunun yanlış olduğunu, bizim kardeş gibi büyüdüğümüzü falan sakın söyleme. Ben zaten bu cevapların tokatlarıyla yaşadım yıllardır. Sana âşığım ve kalbime söz geçiremiyorum."

Aslında yıllardır içinde sakladıklarını bu kadar kolay anlatabileceği hiç gelmezdi aklına. Dilinden dökülür dökülmez içi hafifledi. Vapurdan inerken bahsettiği o ağır yük yok oldu sanki bir anda. O kadar rahatlamıştı ki karşı tarafın da bir şey itiraf etmek zorunda olduğunu, sıranın onda olduğunu unutuverdi bir anda. O an yıllardır içinde sakladığı duyguları itiraf etmiş olmanın kekremsi mutluluğunu yaşıyor ve karşı tarafın itirafını sormak bile aklından geçmiyordu.

Zeynep bu itirafa hiç şaşırmamıştı. Sanki bu gerçeği yıllardır biliyor gibiydi. Yüzünde birazdan "E ne var ki bunda, ben bunu zaten biliyordum, bu itiraf mı yani şimdi?" diye soracakmış gibi bir ifade vardı. Bu durum Furkan'da korku ve paniğe neden oldu. Bir an boş bakışlarla Zeynep'in yüzüne baktı. Zeynep'in cevabı sandığı gibi olmadı.

"E peki şimdi benim itirafımı sormayacak mısın?"

"Efendim? Anlamadım."

"Şimdi sıra bende diyorum. Unuttun mu oyunu?"

Unutmuştu. Bildiği her şeyi unutmuştu Furkan. Aklındakiler uçup gidivermişti. Yılların ağırlığıydı ona bu hafifliği yaşatan. Hiçbir şey söyleyemedi. "Evet unutmuşum. Hadi şimdi sıra sende... Sen itiraf et bakalım" demedi, diyemedi...

Onun söylemesini beklemeden söze başladı Zeynep.

"Aslında seninle aynı sırrı paylaşmışız yıllarca. Evet, ben de seni seviyorum Furkan. Senin de beni sevdiğini her zaman biliyordum. Ama sen benim bunu bilip bilmediğimi bilmiyordun. Çünkü ben duygularımı hiçbir zaman senin kadar açık yaşamadım. Seni sevdiğimi sana hiç belli etmedim. Bir şeyin bunun büyüsünü bozmasından korktum hep. Sanki sen bunu bilirsen, yok olup gidecekmişsin, hayatımdan çıkacakmışsın gibi geldi bana. Ama bunu bilmediğinde hep yanımda yöremde olacaktın. Beni hep uzaktan izleyecektin. Belki hiçbir zaman içime sokulamayacaktın ama uzağımda da olmayacaktın. İşte bu yüzden ne seni sevdiğimi söyleyebildim sana ne de senin beni sevdiğini bildiğimi hissettirebildim."

Bir an duraksadı Furkan. Ne üzülebildi ne sevinebildi. Bir karmaşa vardı yüzünde. Gözleri "Peki şimdi ne olacak?" diye sorar gibi bakıyordu. O an hiçbir şey yapamayacak kadar felç hissetse de vücudunu, eli kendiliğinden uzanıverdi Zeynep'in eline. Sonra onu kendine çekip sımsıkı sarıldı. Zeynep, başını omzuna yaslamış sanki yıllardır bu anı bekliyormuşçasına teslim oldu ona. İkisinin de yanaklarından sessiz gözyaşları süzülüyordu.

Ertesi gün aileleri ekip kendi başlarına gezme planlarını hayata geçirdiler. Bisiklet kiralayıp, Kınalıada'nın en güzel manzarasına sahip bölüme, adanın arka tarafına geçtiler. Manastır Tepesi diye bilinen yerde yer alan Rum Ortodoks Hristos Manastırı'nı gezdiler. Manastır görevlisinden adanın adının demir ve bakır madenlerinin etkisiyle kızılımtırak olan toprağının renginden geldiğini, İstanbul'a en yakın ada olduğunu, bu yüzden, Bizans döneminde ada sürgünlerinin çoğunun buraya getirildiğini ve bu sürgünlerin arasında Romen Diyojen'in de olduğunu öğrendiler.

Bisikletlerini bir ağacın kenarına bırakıp denizin kıyısında çıplak ayaklarıyla el ele yürüdüler. Akşamüstü bir kayanın üzerine oturup güneşin batışını izlediler. "Neden bunca zaman bana bir gün sonrası için umut verecek bir işaret sunmadın?" diye sordu Furkan. Zeynep, başını Furkan'ın omzuna yasladı ve "Sen bu aşkta hangi korkuları yaşadıysan ben de aynı korkuları yaşadım Furkan. El âlem ne der kaygısı içimi yiyip bitirdi hep. Bu yüzdendi korkularım" diye cevap verdi. Furkan, sıkıca sarılıp, "Artık korkma sevdiceğim" dedi. "Biz beraber olmayı istedikten sonra kimse bize neden birbirinizi seviyorsunuz diye soramaz. Sen kanatlarına güvenmelisin tutunduğun dala değil..."

İşte bu yüzden onların dönüm noktası o kısa süren Kınalıada tatili olmuştu. Bir hafta, bir dakika gibi geçmişti onlar için. O kadar mükemmel şeyler paylaşmışlardı ki... Furkan ona hayata dair dersler vermiş, yaşamla ilgili çok şey öğretmişti.

Dönüş vapurunda güverteden denizi seyrederlerken, Furkan Zeynep'e "Sana bir aşk hikâyesi anlatmak istiyorum dinler misin? Gelirken sen bana bir hikâye okumuştun şimdi ben sana bir hikâye anlatmak istiyorum. Senin hikâyene cevap olsun. Hazır mısın?" dedi. "Hazırım" dedi Zeynep. Furkan, "Bunu Sunay Akın'dan dinlemiştim ben" diyerek başladı anlatmaya:

"Heybeliada'daki Deniz Okulu'ndan mezun olan İsmail Türe, kendi gibi Gelibolulu olan bir genç kıza kaptırır gönlünü. İki sevgili parmaklarına nişan yüzüğü taksalar da, birbirlerini çok seyrek görmektedirler.

İsmail Türe denizaltıda muhabere subayı olarak görevlidir çünkü. Üsteğmenin aklına harika bir fikir gelir; nişanlısına ışıklı mors alfabesini öğretecek, Çanakkale'den geçiş yapacakları geceyi planlı olduğu için önceden bildirecek ve böylelikle haberleşeceklerdir!

Boğaz'ı yüzeyden geçmekte olan denizaltının kulesindeki denizciler sigara içmekte, sohbet etmektedirler. Aralarından birinin heyecanlı olduğu her halinden belli olmaktadır. Gelibolu kıyılarına geldiklerinde, karanlık içindeki evlerden birinden bir el fenerinin yanıp söndüğü görülür: 'Seni seviyorum...' Arkadaşları gülümseyerek İsmail Türe'ye bakarlarken, genç âşık elindeki fenerle sevgilisine karşılık vermektedir...

Bu olaydan sonra iki sevgilinin aşkı düşmez olur denizaltıcıların dillerinden. Herkes, haberleşmek için kurulan ışık yolunu konuşur. Arkadaşları, 'Evlen şu kızla da, buralardan her geçişimizde selamlaşmayı bırak artık' diye takılırlar İsmail Türe'ye.

Denizaltının üstünün ve altının bir olduğu yağmurlu günlerde bile, Çanakkale Boğazı'ndan geçilirken, elindeki fenerle aşk nöbeti tutan yakışıklı denizci gözünü bir an olsun ayırmaz Gelibolu kıyılarından. Yine bir gün, yirmi yedi yaşındaki üsteğmen, Çanakkale'den geçecekleri gün ve saati, denizaltının uğradığı bir limandan telefonla haber verir nişanlısına. Ege Denizi'nden Boğaz'a giriş yapacaklarını ve en öndeki denizaltının kulesinde olacağını bildirir. Genç kızın gözüne her zaman olduğu gibi, o gece de uyku girmez. Büyük bir sabırla pencerenin önünde oturmakta ve gözünü hiç kırpmadan denize bakmaktadır. Fenerine yeni pil almış olsa da, arada bir yanıp yanmadığını kontrol eder yine de...

Birden, dev bir karaltı belirir suyun üstünde. Güneyden gelen bir denizaltı, penceresinin görüş sahasına girmiştir...

Genç kız pencereyi açar ve gecenin karanlığına uzattığı elleriyle feneri yakıp söndürür:

'Seni seviyorum...'

Kulede bulunan denizaltının komutanı Bahri Kunt işareti görünce gülümser:

'Hay Allah, bu kız denizaltıları şaşırdı. Nişanlısının denizaltısı bizim önümüzdeydi...'

Bir anlık tereddütten sonra *Birinci İnönü* denizaltısının komutanı Bahri Kunt, yanıt gönderilmezse genç kızın telaşlanacağını düşünerek, karşılık verilmesini emreder. Yanındakilerin 'Ne diyelim komutanım?' diye sorması üzerine de şunları söyler: 'Ebediyete kadar...'

O gece, Üsteğmen İsmail Türe'nin görev yaptığı *Dumlupınar*, Çanakkale Boğazı'na giriş yapan ilk denizaltı olmuştur. Ama Gelibolu kıyılarına gelmeden, Nara Burnu açıklarında İsveç bandıralı *Naboland* adlı gemi tarafından çiğnenmekten kaçamamış ve yaralı bir balina gibi acı dolu sesler çıkararak, Çanakkale'nin karanlık sularında kaybolmuştur.

Her şey birkaç dakika içinde gerçekleştiğinden, arkadan gelmekte olan *Birinci İnönü* denizaltısı *Dumlupınar*'a çarpan geminin yanından habersizce geçerek, Gelibolu'ya ulaşan ilk denizaltı olur.

Genç kız, nişanlısından haber almanın huzuru içinde başını yastığa koyduğunda, genç denizci çoktan dalmıştır 'ebediyete kadar' sürecek olan uykusuna..."

Hikâye bittiğinde ikisinin de gözleri dolmuştu. Zeynep Furkan'a "Peki bu hikâyeyi bana neden anlattın?" der gibi bakıyordu. Furkan onun gözlerine bakarak "Her ne olursa olsun, bir gün ölüp gittiğimde bile beni ebediyete kadar sevecek misin?" diye sordu. Zeynep nemli gözlerindeki hüzünle ona sarıldı, "Ebediyete kadar" dedi.

Sınav sonuçları beklendiği gibiydi. Zeynep'in aldığı puan Boğaziçi Üniversitesi'ni kazanmasına yetmiyordu. Zeynep Boğaziçi Üniversitesi'ni kazanamadığı için üzülürken Furkan kazandığı için üzülüyordu; çünkü o okulun Zeynep olmadığında hiçbir anlamı yoktu.

Zeynep, bir sonraki üniversite sınavına hazırlanıp, tekrar denemek için dershaneye yazılmış, Furkan ise kazandığı halde kaydını yaptırmamıştı. Zeynep, bunun bir delilik olduğunu, ne olursa olsun gidip okuması gerektiğini, hayatını kendisine endekslememesini, bu fırsatın belki de bir daha karşısına çıkmayacağını defalarca söylese de nafile. Furkan yine bildiğini okudu ve aşkı uğruna eğitimdeki parlak geleceğini yaktı. Kış geliyordu.

O dönemde sarıldıkları tek şey aşkları oldu. Bu temiz aşk onların hayatla bağlarıydı. O aşk olduktan sonra üstesinden gelemeyecekleri zorluk yok gibiydi. Tek sorun bunu hâlâ aileleriyle paylaşamamalarıydı. Her ikisi de doğacak tepkilerden çekiniyor ama bir gün mutlaka bu aşkı ilan etmek zorunda olduklarını da biliyorlardı.

Bu konuyu aralarında sık sık konuşuyorlardı. Ailelerin vereceği cevap en büyük kaygılarıydı.

"En çok neyi merak ediyorum biliyor musun Furkan?"

"Neyi Zeynep?"

"Eğer ailelerimiz ve etraf bu aşka karşı çıkarsa ne yapacağımızı."

"Ben biliyorum ne yapacağımı."

"Öyle mi? Ne yapacaksın?"

"Seni kaçıracağım tabii ki..."

"Komik olma Furkan. Hangi devirde yaşıyoruz Allah aşkına."

"Aklıma başka bir çözüm gelmiyor Zeynep."

"Canım vardır elbet bir çözümü. Sen hemen kaçırma olaylarına falan girdin."

"Ne yapacaktım peki?"

"Bu işin bir oluru vardır mutlaka. Konuşuruz onlarla."

"Ya kabul etmezlerse?"

"Kimin olduğunu hatırlamıyorum ama, 'El âlem ne der sözü kadar yüksek duvarlı bir hapishane var mı?' diye bir söz vardı. Biz birbirimizi seviyorsak bundan başkasına ne? Milletin sözüne mi bakacağız? Hangi birine laf anlatalım? Hem senin söylediğin bir söz vardı bu insan kalabalıkları için neydi o?"

"İnsanlarla dolu bir yalnızlıkta yaşıyoruz."

"Hah! İşte. Evet. Aynen öyle. Kalabalıklar ama

yoklar. O yüzden boş verelim onları. Biz sadece ailemizle konuşur, gerekirse onlarla vedalaşır, kendi hayatımızı kurarız olmaz mı?"

"Haklısın. Bu daha zahmetsiz ve daha az kavgalı. En azından aileler arasında uzun süren bir küslük olmaz. Hem bizimle onların arasında, hem de onların kendi arasında... Onları çok üzmeye de hakkımız yok aslında. Hani Nursen Yıldırım bir şiirinde diyor ya, 'Yıllar sonra bile annenizin karşısına gururla çıkarabileceğiniz adamlara âşık olun, adı geçtiğinde sizi ne kadar üzdüğü belli olmasın diye gözlerinizi kaçırdığınız adamlara değil!' diye. İşte biz birbirimizi böyle annelerimizin gözlerine bakarken adımız geçtiğinde gururlanacak kadar çok seveceğiz ve onların yüzünü asla yere düşürmeyeceğiz."

"Babalarımızın birbirleriyle kötü olacağını hiç sanmıyorum Furkan. Baksana neredeyse göbek bağları birlikte kesilmiş gibi..."

"Bizim de onlar gibi komşularımız olur mu sence? Yani öyle akraba gibi..."

"Bilmem. Çok da düşünmedim bunun üstünde. Bence öncelikle bizim mutlu olmamız önemli."

"Ben mutlu olacağımızı çok iyi biliyorum Zeynep. Biz birbirimize geçek bir aşkla bağlıyız."

"Bundan adım gibi eminim."

"Umarım yazıldığı gibi bitmez aşkımız."

"Ne anlamda söyledin bunu?"

"Yani sesli başlayıp sessiz bitmez diyorum. Masal

gibi sürmeli bizim aşkımız. Bu yüzden uzun olacak bizim yolumuz. Bu yolda düşüp canımızın acımasından korkmadan yürüyeceğiz. Aşka istedikleri kadar, kimsenin ölmediği cinayettir desinler. Ölsem de razıyım ben bu cinayeti işlemeye. Seni o kadar çok seviyorum."

"Ya bir gün benden bıkarsan?"

"Bıkmak mı? Gece yan yana uyurken seni uyandırıp, çok özledim aşkım sarıl bana demezsem iyidir. Hangi bıkmaktan bahsediyorsun sen? Kalbim yıllardır aynı kaburganın altında olmaktan sıkıldı Zeynep. Kalbim senin göğsünde atmak istiyor artık. Beni at içine. Gözlerim sana değil, sen bakıyor benim. Aldığım nefes olsan bırakmak istemem seni. Artık hayatım benim değil. Al! Senindir bu ömrüm."

"Öyle güzel sözlerin var ki. Bazen bunları hak edip etmediğimi sorguluyorum. Bütün kadınların peşinde koştuğu birisin. Bir kere parmağını şaklatmakla onlarca kadını etrafında toplayabilirsin. Ama sen deli gibi beni seviyorsun, ben beni böylesine seven birini onun beni sevdiğinden daha çok seviyorum ama bunu onun gibi anlatamıyorum. Ya bir gün bunu anlatabilen bir kadın çıkarsa karşına? Ya bir gün tıpkı senin gibi şiir şiir konuşan bir kadın seni etkilerse? İşte bundan çok korkuyorum Furkan. Ya bir gün beni başkasına tercih edersen..."

"Bir gün biri çıkar karşına ve sana aşkı anlatır. Ve sen o gün anlarsın ki aşk hakkında bildiklerin şimdiye kadar bildiklerin değildir. Ben sana aşkın ne olduğunu öğretiyorum sen beni kaybetme korkundan bahsediyorsun. Şimdi sana soruyorum. Bahçıvan solduracağı gülü sular mı? Sana aşkımı karşılıksız sunmuşsam bu benim cömertliğimden değil senin o aşka layık oluşundandır. Kimse kimseye hak etmeyeceği aşkı altın tepside sunmaz. İnsandan insana hak etmeden sunulan tek şey kötülüktür. Ben seni bir gün başka kadınlara değişmek için sevmedim. Ben sana bu kötülüğü etmek için gelmedim. Ağzı senden daha iyi laf yapan güzel kadınlar seni bu kadar kaygılandırıyorsa kendine şunu sor: Erkeğim beni güzel sözlerim için mi yoksa ben olduğum için mi sevdi? Benden çok daha güzel olup dili şiir gibi olan kadınlar erkeğime âşık olabilir. Peki, benim erkeğim beni bırakıp onlara gider mi? Şunu sakın unutma Zeynep: 'Senin gülünün diğerlerinden daha önemli olmasını sağlayan şey, ona ayırdığın vakittir' derler. Bir de bu açıdan düşün."

"Sana haksızlık ettim özür dilerim. Bazen haddimi aşıyorum işte böyle."

"Gülümsüyorum bu söylediğine. Elbette aşacaksın haddini. Âşıksan bu hakka sahipsin. Sana kısa bir hikâye anlatayım mı şimdi?"

"Anlat."

"İsmet Paşa Latife Hanım için şöyle der: 'Latife Hanım iyi bir hanım olabilir ama Mustafa Kemal Paşa'nın eşi olmak için yeterli mi acaba?' Latife Hanım da bu söze şöyle karşılık verir: 'Aşk haddini bilmemektir zaten!' İşte bu yüzden sana haddini bilme diyorum Zeynep."

"Sen benim tanıdığım en iyi âşıksın Furkan. Bazen seni gülüşünden öpmek istiyorum ya. İşte bendeki aşk da böyle..."

"Birbirimizi acıtmadan, kanatmadan seveceğiz. Bilirsin aşkta yarayı kalp alsa da acıyı ruh çeker. Kendini birine adarsın ama adadığın kişide sen olmazsın. Gider bir gün. Burada asıl kaybedilen giden değildir aslında. Gidenle birlikte gönderdiğin kendindir. Aşk güzeldir ama kolay değildir. Deniz gibidir aşk... Kimini boğar kimine yüzme öğretir. Ve en iyi yüzücüleri en sert dalgalar yetiştirir. Bunları sana söylemeliyim Zeynep. Çünkü aşkta insan söylediklerinden çok söylemediklerinden sorumludur. Doğru yolun yanlış yolcuları değiliz biz."

Uzun süren bir kış daha sona erdi. Zeynep durmadan sınava çalıştı, Furkan hep onun yanında oldu. Aşkları daha da büyüdü ve bundan kimsenin haberi olmadı. Bu arada Furkan boş durmamak için kendine küçük bir gümüşçü dükkânı açmıştı. İşler düşündüğünden daha iyi gidiyordu. Güzel paralar kazanmaya başladı. Zaman zaman yanına Zeynep geliyor, işi olmadığı zamanlarda dükkânda o duruyordu. Hayatı bir anda başka bir şekil aldı Furkan'ın. Zeynep'in kazanacağı okula gitmeyi planlarken, okul fikrinden vazgeçip işleri daha da büyütme yolunu seçti. Hem bu onların gelecekleri açısından da iyi olacaktı. Konuşup anlaştılar. Zeynep İstanbul'da bir üniversitede okuyacak ve okulu biter bitmez evleneceklerdi. Bu arada Furkan kazandığı paralarla kendileri için iyi bir gelecek hazırlayacaktı. Bunun dışında B planları da hazırdı. Eğer Zeynep hiçbir üniversiteyi kazanamazsa gümüşçü dükkânının başına geçecek, Furkan ikinci şubeyi açacaktı.

Sınav günü geldi çattı. Fakat yine istediği okulu kazanamadı Zeynep. Aldığı puan iki yıllık bir okulu okumasına izin veriyordu. Furkan buna hiç üzülmedi; çünkü evlenmek için dört değil iki yıl bekleyecekti şimdi...

Zeynep, kendisinin de tahmin ettiği gibi laborantlık okumaya başladı. İstanbul Acıbadem Üniversitesi Sağlık Hizmetleri Meslek Yüksekokulu Laboratuvar Teknikleri bölümünü tam burslu olarak kazanmıştı. Hafta içi her gün okula gidiyordu. Kadıköy İstasyonu'ndan metroya biniyor, 12 dakika sonra Kozyatağı İstasyonu'nda iniyor ve Kayışdağı istikametine doğru 15 dakika yürüyerek okuluna ulaşıyordu. İlkönceleri çok da isteyerek gitmediği okuluna sonradan alışacak ve okuduğu bölümün en parlak öğrencilerinden biri olarak bölüm birincisi unvanlıyla okulundan mezun olacaktı.

Bölüm birincisi olarak mezun olduğu için işi neredeyse hazır gibiydi. Birçok klinik ve hastane Zeynep'i bünyesine katmak için çeşitli tekliflerle ona geliyordu. Bunlar arasından kendisi için en iyi olanı seçmeliydi. Ve içlerinden bir tanesi öyle duruyordu. Hem evlerine çok yakındı hem de verdikleri ücret dolgundu. İşe başlar başlamaz Furkan'la evlenir ve maddi sıkıntılar yaşamazlardı.

İş görüşmesine gittiğinde onu çok güzel karşıladılar. Gittiği yer İstanbul'un en iyi tüp bebek merkezlerinden biriydi, hatta birincisiydi. İlk mülakattan sonra çok bekletmeden işe kabul edildiğini kendisine bildirdiler. Ve bir hafta sonra Zeynep yeni işine başladı. Kurdukları hayaller yaşadıklarıyla örtüşmese de her şey çok iyi gidiyordu. Hayat böyleydi işte. Ne zaman ne olacağı belli olmuyordu.

Zeynep, işinde çok başarılıydı. Kısa zamanda herkese kendini sevdirmişti. Çok çalışkan ve becerikliydi.

Mesai saati sona erse de o işini bitirmeden dışarı adım atmazdı. Tüm klinik onun güzelliğinden ve başarısından söz ediyordu. Bu durum kliniğin başhekimi olan yaşlı profesörün de dikkatini çekmişti. Bir gün onu odasına çağırdı ve kısa bir süre onunla sohbet etti. Yaşı ellilere dayanmış tonton mu tonton bir profesördü ve Zeynep'e kendisinin asistanlığını yapmasını teklif etmişti. Hem iş yükü azalacak, hem daha itibarlı bir konumda olacak hem de maaşı artacaktı. Zeynep teklifi kabul etti.

Başarı basamaklarını bu kadar hızlı çıkmış olması kendisini bile şaşırtıyordu. Her şey yolundaydı. Bir an önce evlilik hazırlıklarına başlamalıydılar. Durumu sevinçle Furkan'a anlattı. Furkan, bunca yıl sabırla beklemenin karşılığını almaya başlamış olmanın mutluluğu ve huzuru içindeydi. Zeynep'in taliplileri de çoğalmaya başlamıştı son günlerde. Hemen hemen her hafta mutlaka bir talipli çıkıyor ve istemeye geleceklerini haber veriyorlardı. Annesi Zeynep'le konuşuyor ama Zeynep kesinlikle istemediğini söylüyordu. Çoğu zaman annesi ona telkinlerde bulunuyordu. "Bak kızım okulunu bitirdin. İyi bir işe girdin. Eh artık evlenme yaşın da geliyor. Kapıda bir sürü talipli bekliyor. Hepsi de mevki makam sahibi. Bırak inadı da artık evlen münasip biriyle. Biz de artık torun sevelim olmaz mı?" diyordu. Zeynep annesini dinlemiyordu bile. Annesi ise durmadan taliplilerden bahsediyordu. Hele bir subay vardı ki yakışıklılığı ve iyi kalpliliği dillere destandı. Annesi en çok onunla evlenmesini istiyordu kızının ama bu Zeynep'in umurunda bile değildi.

Zeynep için rutin günlerden biri başlıyordu yine. Sabah erkenden kliniğe gitti. Her gün yapması gereken işleri hallettikten sonra profesörün odasına girerek gün içinde yapılması planlanan muayenelerin dökümünü masaya koydu. Profesör, yine her zamanki gibi bilgisayarına gömülmüş bir şeyler yazıyordu. Zeynep, tam odadan çıkmak üzereyken yapması gereken bir hatırlatma için geri döndü ve "Hocam unutmayın bugün bir televizyona konuk olacaksınız" dedi. Profesör bunu tamamen unutmuştu. Birdenbire masasından kalkıp "Hay Allah ya... Aklımdan çıkıvermiş. Benim şimdi acil berbere gitmem gerekiyor. Lütfen masamı toparlar mısın Zeynep?" dedi ve ceketini aldığı gibi çıkıp gitti.

Zeynep, her zaman yaptığı gibi masanın üzerindeki dağınıklığı toparlamaya başladı. Profesör hem titiz hem de dağınıklığı sevmeyen bir adam olmasına rağmen sürekli masasını dağıtan biriydi. Masayı düzenlerken bir şey dikkatini çekti. Hiçbir zaman bilgisayarını açık bırakmayan profesör, o telaşla bilgisayarını kapatmayı unutmuştu. Acelesi yüzünden olduğunu düşündü Zeynep. Profesörün bu konuda ne kadar hassas olduğunu biliyordu. Tam kapatmaya yeltenirken ekranda açık kalan bir klasör dikkatini çekti. Klasörün üst başlığında "Çok Gizli" ibaresi vardı. Aslında bu tür şeyleri görmezden gelmesi gerekirken, o gün merakına yenildi ve dosyanın içinde yer alan belgeyi açtı. Karşısına uzunca bir liste çıkmıştı Zeynep'in. Listede tüp bebek tedavisi gören kadınların isimleri yazıyordu. Liste yıllara göre tasnif edilmişti. Önce bu listenin neden çok gizli olması gerektiğini anlayamadı. Sonradan fark etti ki bu listede kliniğe başvurup tedaviden sonuç alamayan kadınların isimleri vardı. Ama nasıl oluyorsa bu kadınlar bir şekilde doğum yapabiliyordu.

Bu işlerin kendisini ilgilendirmeyen işler olduğunu düşünüp tam klasörü kapatmak üzereyken birdenbire o görmemesi gereken ismi gördü. Listede Zeynep'in annesinin adı ve soyadı vardı. Ailesi böyle bir tedaviden kendisine bahsetmişti hatta Zeynep o kliniğin iş teklifini kabul ettiğinde bunun çok hoş bir tevafuk olduğunu, o klinik sayesinde kendisinin dünyaya geldiğini söylemişler ve mutlu olmuşlardı. Ve bir daha bu konudan hiç bahsedilmemişti.

Zeynep'in kafası bir anda allak bullak oldu. Eğer bu klinikte gerçekleşen her işlem kanunlara uygun bir şekilde yapılıyorsa, bu çok gizli liste niye vardı ve bu listede annesinin ismi neden yer alıyordu? Hemen araştırmaya başladı ve çok geçmeden işin sırrını çözdü.

Ama bu sırrı çözmenin kendi hayatını nasıl bir çıkmazın içine sokacağını tahmin bile edemezdi...

Öğrendiği gerçek şuydu: Bu klinik en umutsuz vakaları bile anne yapmasıyla meşhur bir klinikti. Yıllarca tedavi görüp de anne olamayan tüm kadınlar nasıl oluyorsa bu kliniğe gelince anne olabiliyordu. Sebebi çok basitti, donör...

Yumurtaları sağlıklı olmayan annelere bir başka kadından sağlıklı yumurta transferi yapılıyordu. Ve kullanılan donör çok gizli tutuluyordu. Klinik bu tür hastalara bu uygulamayı Türkiye'de değil de uygulamanın yasal olduğu bir başka ülkede yapıyordu. Hasta o ülkede bir hafta boyunca misafir ediliyor, donörden yumurta transferi yapıldıktan sonra Türkiye'ye getiriliyordu. Bu işi yapan donörler yumurtaları çok sağlıklı olan kadınlardı. Onlar yumurtalarını satıyor, bu işten para kazanıyorlardı. Ne transfer yapılan hasta ne de yumurtası alınan donör birbirini tanıyordu. Bu kişiler asla birbirleriyle iletişim kuramıyor, isimleri gizli tutuluyordu.

Kişiler seçilirken hangi donörün yumurtalarının kullanılacağı doktor tarafından belirleniyordu. Doktor, hastanın ve donörün tüm bilgilerini karşılaştırıyor, boy, kilo, tip, saç, ten ve göz renginin uyumunu göz önünde bulundurarak birbirine en çok bezeyen kadınları seçiyordu. Kadınların birbirine uzak ülkelerde yaşamalarına da ayrıca dikkat ediliyordu.

Listede annesinin ismini görünce ailesinin bu yola başvurduğunu anladı Zeynep ve büyük bir şok yaşadı.

Evet, annesi bir donörden yumurta transferiyle hamile kalmış ve Zeynep'i doğurmuştu. Yani Zeynep'in annesi, onun biyolojik annesi değildi!

Peki, kimdi annesi? Birazdan onu da öğrenecekti çünkü listede transfer yapılan kadınların isimlerinin karşısında onlara yumurtaları transfer edilen kadınların tüm bilgileri ve fotoğrafları yer alıyordu. Ve gördüğü manzara şuydu: Esra Tamerol....................Lena Papadakis.

Zeynep'in annesi Girit adasında yaşayan bir Yunan kadınıydı. Belki de kendisinin Brooke Shields'a bu kadar benzetilmesinin nedeni buydu. Her ne kadar Brooke Shields Amerikalı olsa da...

Listeye kayıtsız gözlerle bakıyordu. Elleri, dudakları titriyor, tansiyonu düşmeye başlıyordu. Rengi birdenbire bembeyaz olmuştu. Sessizce ağlamaya başladı. Ekran, giderek bulanıklaşıyordu. Keşke o anda gözlerini ekrandan çekseydi, çekebilseydi... Ama yapmadı ve ikinci şoku yaşadı. Listede Furkan'ın annesi Safiye'nin de ismi vardı...

O da aynı yöntemle hamile kalmıştı. Yani Furkan'ın da biyolojik annesi başka biriydi. Peki kimdi? Yaşla dolan gözleri Safiye isminin karşısındaki isme doğru aradaki noktalamaların üzerinden yürüdü, yürüdü, yürüdü ve Safiye Ergül....................Lena Papa. Gerisini okumasına gerek kalmamıştı...

Tam o sırada içeri profesör girdi. Zeynep son anda klasörü kapamayı başarmış ama aynı anda ekranın karşısında donup kalmıştı. Göğsü hızlı hızlı inip çıkıyor, gözlerinden sicim gibi boşalıyordu gözyaşları. Profesörün

"Ne yapıyorsun sen Zeynep!" dediği anı hatırlıyor, gerisini hatırlamıyordu.

Karanlık bir denizin içinde yüzüyor gibiydi. Siyah sular yüzünü yalayarak teninin üstünden geçiyordu. Birden bir ışık gördü ve tenine değen şeyin bir ahtapotun kolları olduğunu fark etti. O kollar yavaş yavaş bedenine sarılıyor ve sıktıkça sıkıyordu. Kurtulmaya çalıştıkça ahtapot onu daha çok sıkıyordu. Kollarında güç takat kalmamıştı. Bağırmak istedikçe sesi daha da kısılıyordu. Birden ellerindeki acayipliği fark etti. Ellerinin üstünde onlarca göz vardı ve hepsi ağlıyordu. Sonra ağlayan gözler yere düşmeye başladı. Düşen her gözde elleri biraz daha eksiliyordu. O anda gökyüzünden bir kadın ona doğru uzandı ve ellerinden öptü. O ellerinden öptükçe elleri yeniden oluşmaya başladı. Kadın onu öpüyor, öptükçe Zeynep'in elleri yerine geliyordu. Sonra kadın kudretli bir ses tonuyla konuşmaya başladı: "Merhaba Zeynep. Ben Lena..."

Nasıl bir kâbustu bu? Artık uyanmalıydı bu rüyadan. Kadın ona gülümsüyordu durmadan. Yüzü Brooke Shields'ın yaşlanmış hali gibiydi. Sonra bir ağlama sesi duydu. Arkasına dönüp baktığında sesin eteğinin altından geldiğini fark etti. Evet, eteğinin altında ağlayan bir adam vardı. Kenara çekildi ve o ağlayan kişinin Furkan olduğunu gördü. Sonra Lena yeniden konuştu: "Ağabeyinin ağlamasına izin verme Zeynep!"

Çığlık atarak uyandı. Kliniğin bir odasına yatırmışlardı onu. Kolunda serum vardı. Arkadaşlarını yanında görünce hıçkıra hıçkıra ağlamaya başladı. Hemşireler onu zor sakinleştirdi. Zeynep, biraz kendine gelince profesörü çağırdılar. Profesör odadakilerin dışarı çıkmasını istedi. Zeynep'le yalnız konuşacaktı. Her zamanki yumuşak ses tonuyla sormaya başladı.

"Ne oldu kızım anlat bana."

Zeynep çok zor konuşuyordu. Kuruyan dudakları neredeyse çatlamak üzereydi. Ağlamaktan şişmiş gözleriyle profesöre baktı.

"Bilmiyorum hocam."

"Çıkarken aceleden cep telefonumu odamda unuttuğumu fark ettim. Geri döndüğümde seni masamda oturmuş ağlarken buldum. Oysa beş dakika önce hiçbir şeyin yoktu. Ne oldu sana yavrum, lütfen paylaş benimle. Seni ne kadar sevdiğimizi biliyorsun."

"Sizden tek bir ricam var hocam. Ne olur bana ne olduğunu sormayın. Anlatacak hiçbir şeyim yok çünkü. Bundan sonra benim için var olan tek gerçek susmak."

"Beni kaygılandırıyorsun kızım. En iyisi sen birkaç gün izin yap. Klinikteki yoğunluğun seni yorduğunu düşünüyorum. Kendini iyi hissetmeye başladığında tekrar işinin başına dönersin tamam mı kızım?"

"Tamam hocam. Siz nasıl isterseniz..."

Zeynep için bu gerçeği kabullenmek çok zor oldu. Bir hafta boyunca evden çıkmamıştı. Furkan'a hasta olduğunu söyledi. Evdekilere işyerinden mükâfat izni verdiklerini... Artık annesinin yüzüne bakamıyordu. Bakarsa onu artık sevememekten korkuyordu çünkü... Öyle garip bir duyguydu ki bu. Yıllarca annen sandığın kişinin aslında annen olmaması ve sevdiğin adamın kardeşin çıkması...

Aklı almıyordu bir türlü. O çok sevdiği profesör nasıl böyle bir hata yapabilirdi? Nasıl olur da artık akraba gibi olmuş iki arkadaşa iki yıl arayla aynı donörden yumurta transferi yapabilirdi? Esra ve Safiye'nin birbirine bu kadar benziyor olması mıydı acaba sebep? Donör seçimi yapılırken transfer yapılacak kişiye en fazla benzeyen kişi seçiliyordu. Esra ve Safiye birbirine bu kadar çok benzediği için mi onlara en çok benzeyen Lena seçilmişti? Yoksa bu işin kolayına mı kaçmaktı? Başka bir benzer bulunamaz mıydı?

Peki şimdi ne olacaktı? Evlilik hazırlıkları yaptığı adama eski Türk filmlerinde olduğu gibi "Biz evlenemeyiz, çünkü kardeşiz!" mi diyecekti? O adam ki yıllarca onu bekledi, bir tek onu sevdi... Şimdi ne yapacak, nasıl bu işin içinden çıkacaktı?

Zavallı Furkan annesinin gerçek annesi olmadığını bilmiyordu. Ve bunu ona tek söyleyebilecek kişi kendisiydi. Ama yıllarca bu yalanla büyütülmüş birine böylesi bir gerçek nasıl açıklanabilirdi? O insan bunu öğrendiğinde ne hale gelirdi? Ah zavallı Furkan hem annesinin annesi olmadığını hem de sevdiği kadınla kardeş olduklarını öğrenecekti günün birinde... Hangisi daha kötüydü?

Bunları düşündükçe delirmenin eşiğine geliyordu Zeynep. Çıldırmak üzereydi. "Allahım kimse böyle bir imtihanla sınanmasın. Ben yandım başkaları yanmasın!" diye yalvarıyordu her gece... Artık bir yol ayrımındaydı ve istemeye istemeye de olsa hayatının en ağır kararını verdi...

Bir haftada eriyip solmuştu Zeynep. Görenler onu tanımakta zorluk çekiyordu. Ailesi ona ne olduğunu anlamaya çalışıyor fakat Zeynep'in ağzından tek bir cümle çıkmıyordu. Babası sonunda alıp onu doktora götürdü. Doktor yapılan tahlillerde hiçbir sağlık sorununun olmadığını söyledi. "Peki, ne oldu benim kızıma?" deyince babası, doktorun cevabı şu oldu: "Ağır bir depresyon geçiriyor olabilir."

Ertesi gün bir psikiyatra götürdüler Zeynep'i. Doktora her şeyi anlattı. Psikiyatrlara anlatılanların hasta ve doktor arasında bir sır olarak kaldığını çok iyi bildiği için zor da olsa anlattı tüm yaşadıklarını. Doktor ona ağır ilaçlar yazdı. O ilaçlar bütün gün uyutuyordu Zeynep'i.

O günlerde Furkan ikinci dükkânı açma hazırlıklarıyla uğraştığı için Zeynep'le yakından ilgilenememişti. Zaten Zeynep'in isteği ile ona ve ailesine hiçbir şey belli edilmiyordu. Furkan aradığında hasta olduğunu söylüyor ve kapatıyordu telefonu.

Furkan'ın işlerinin çok fazla büyüdüğü, gümüş modellerinin iç piyasada inanılmaz ilgi gördüğü günlerdi o günler. Ve sonunda ona Uzakdoğu'dan müthiş bir teklif geldi. Çin'in en büyük firmasıyla ortak çalışacaklardı. Detayları görüşmek için firma kendisini acil olarak Pekin'e davet etti. On gün sürecek olan bir iş gezisiydi bu. Furkan, bu teklifi kabul ederken yanında bir arkadaşını da getirip getiremeyeceğini sordu. Firma bunu memnuniyetle karşıladı ama bir an önce gelmesi için de özel istekte bulundu.

Furkan, telefonda bu haberi ona büyük bir mutluluk ve sevinç içinde verse de aldığı cevap hiç hoşuna gitmedi. Zeynep ona, "Sen oraya iş için gidiyorsun, gezmek için değil. Benim gelmeme gerek yok!" gibi soğuk ve uzak bir cevap verdi. Furkan'ın hevesi kursağında kalmıştı. Biraz bozuldu ama fazla üstelemek de istemedi. Ona karşı son derece anlayışlı ve affediciydi hep.

Birkaç gün sonra onunla son kez, uçağa binmeden önce konuştu. Aralarında geçen bu son konuşma oldukça soğuktu. Zeynep'in sesine yansıyan çaresizlik ve bıkkınlık

Furkan'da büyük bir acıya ve hüzne dönüştü. Telefonu kapatıp da o uzun uçak yolculuğu başladığında içinde iyi şeyler olmayacağına dair bir his vardı.

On gün boyunca görüşmeler yapıldı ve anlaşma sağlandı. İş konusunda her şey çok iyi gidiyordu. Ama Furkan için durum pek de öyle sayılmazdı. Evet, güzel bir anlaşma yapılmış, adamlar banka hesabına yüklü bir para yatırmış ve geleceği kurtulmuştu ama o on gün boyunca Zeynep'e ulaşamamış, sesini duyamamıştı. Aklı hep ondaydı. İçine daha gelirken çöreklenmiş olan o kötü his giderek büyüyordu. Sanki olacakları önceden tahmin ediyordu. Bir şey vardı adını bir türlü koyamadığı...

Acı gerçeği evine dönünce öğrendi Furkan. Zeynep on gün içinde kendisine talip olan o subayla evlenmiş ve eşinin görev yaptığı doğuya gitmişti. Kötü şeyler olacağı içine doğmuştu ama bu kadarını beklemiyordu. Gece sabaha kadar ağladı. Doğduğu günden bu yana ilk defa bu kadar çok ağlamıştı. Birkaç gün sonra dükkâna gittiğinde kapının altından içeri atılmış bir mektup buldu. Zarfın içinden çıkan kâğıtta sadece şu yazıyordu: "Allah'a emanet ol."

Allah'a emanet edilmek, Yaradan'ın rahmet yağmuruna şemsiyesiz bırakılmak, onun vereceği derde de, kedere de, ihlasa da, sınava da, huzura da layık olunabilecek sıfatta olmak demekti. Biri sende bu sıfatı görebilmişse, sen o sıfatta görülmüş olmanın hakkını vereceksin, tefekkür edeceksin, Rabb'ine teslim olacaksın. Biri seni Allah'a emanet etmişse seni görmeden ölmez. Biri seni Allah'a emanet etmişse kimse seni çalamaz. Bir insanın emanet edileceği en güvenli yer arşıâlâdır. Biri Allah'a emanet edildiğinde eksiksiz ve bozulmadan, bırakıldığı gibi geri alınır. Zeynep, giderken onu inandığı güce emanet etmişti. Furkan'ı hayatta tutan şey de işte bu oldu. O günden sonra Furkan Allah'a yöneldi, namaza başladı ve içindeki beşeri aşk, ilahi aşka dönüştü. Böyle olmasaydı belki intihar edecek, belki berduş olacaktı. Ama Zeynep, ona son iyiliğini yaptı ve en emine, Allah'a emanet etti.

Furkan, o kâğıdı çerçeveletip dükkânının duvarına astı.

Farklı modellerinden dolayı Üsküdar'da dikkatimi çeken o gümüşçü dükkânına girip duvarda asılı olan çerçevenin içindeki sararmış kâğıdı gördüğümde, "Bu nedir?" diye sormuştum dükkân sahibine. Hayatımda ilk defa gördüğüm Furkan Ağabey de bu hikâyeyi anlatmıştı. O küçük gümüşçü dükkânının duvarında asılı duran "Allah'a emanet ol" yazısının sırrı buydu işte.

Şimdilerde yaşı kırklara yaklaşmış bu adam tebessümle anlatıyordu bu hikâyeyi. Akşam ezanı okunduğunda benden müsaade isteyerek dükkânın arka tarafına geçti ve namazını kıldı. Onu beklerken bana ikram ettiği kahveyi yudumlayıp Furkan Ağabey'in aşkıyla karşılaştırıldığında, bugünün aşklarının nasıl da aşk gibi yaşanmayan aşklardan olduğunu düşündüm.

Namazı bittiğinde gülümseyen nur yüzüyle yanıma gelip tezgâhının arkasındaki yerini aldı. Hikâyenin geri kalanını merak ediyordum. Hemen sorularıma geçtim.

"Peki, senin için en zor dönem hangisiydi Furkan Ağabey?"

"Zarfı bulmadan önceki son birkaç gün benim için çok zor oldu. Kendimi ihanete uğramış ve aldatılmış biri olarak hissediyordum. Sanki ona eksik kalmıştım... Yetmemiştim. Yetememiştim. Onu tamamlayamadığım için terk edildiğimi düşünmüştüm. Daha bu dükkâna gelmemiştim o vakit. Hatta buraya gelmek aklımın ucundan bile geçmemişti ama şimdi hatırlayamadığım bir sebepten ötürü geldim ve o zarfı buldum."

"Ne yaptın o zarfı bulduğun güne dek? Yani nasıl geçti o acılı günler?"

"Kendimce bir şeyler yazmaya başladım. İçimi başka türlü soğutamazdım, ona öfke duyamazdım. Ben de yazdım işte bir şeyler."

Bunu söyledikten sonra tezgâhın altından bir defter çıkardı ve o günlerde yazdıklarını bana okuttu. Defterin ilk sayfasında şunlar yazıyordu:

Doğru bir kapıyı açmak için kaç yanlış anahtar heba eder insan? Neden bir doğru için onlarca yanlışa katlanır? Bizi tamamlayacağına inandığımız kişiyi bulmak adına harcadığımız zamanda ne kadar da eksiliyoruz değil mi? Doğru insanı bulduğumuzda ise eksiklerimizi dolduracağına inandığımız o kişi tüm eksiklerimizi yüzümüze vuruyor bir bir... Oysa biz onu bulmak için onca yanlışa katlanmış, yaralanmış, azalmıştık.

İnsanın birini sevmesi, kendisini harcaması mıdır ey güzel Allahım? Beni bir tek sen anlarsın...

Bizi eksiklerimiz yüzünden terk edenler gidişleriyle hayatımızdaki yıkımı görmeyenlerdi. Görmeyi öğrenselerdi kalmayı da bilirlerdi. Onlar geldikleri gibi değil, hiç gelmemiş gibi gidenlerdendi. Peki, insan neden bir anda cayardı sevmekten; ortada hiçbir sebep yokken?

Hangisi daha kırgındır acaba ey güzel Allahım, yaprağını döken ağaç mı, ağaçtan kopan yaprak mı? Beni bir tek sen aydınlatırsın...

Kendini ve tüm yaşadıklarını terk edenler var ya... İşte onlardır en acımasız katiller. Kendi kendinin katilidir onlar. Bilmezler geride nasıl bir enkaz bıraktıklarını. Bilmezler kendilerini yakarken başkalarını nasıl tutuşturduklarını... Yarına olan inancın ölümüdür onlar. İnsan, birinin yarına olan inancını öldürerek de katil olabilir. Bu, cinayetlerin en korkuncudur. Düşünsene mezarda değilsin ama ölmüşsün...

İnsanın bir ölü gibi yaşaması yaşamak mıdır ey büyük Allahım, beni en güzel sen yaşatırsın...

Bazı anlar vardır ki yalnızlığın bile sana kalabalık gelir. Çocukluğun bir yara gibi açılır etinde. Erken büyüyen çocukların yaraları da derin olur. Ne kadar derinse o yaralar çocukluğumuz da o kadar boğulur. İşin garip yanı boğulduğun kadar öğrenirsin nefes almayı ya da nefessiz yaşamayı. Ama etini acıtır yaraların her nefeste. Seni o yaralar büyütmüştür oysa... O yaraların iyileşmesini istemezsin.

Yara iyileşince mi ölür ey güzel Allahım, beni bir tek sen iyileştirirsin...

Acıları bile görmezden gelebilecek kadar iyimser biriyken, iyilikleri bile fark etmeyecek kadar kötümser birine nasıl dönüştüm ben? Belki de her şeyi bilmemdendi bu garipliğim... Çok bilince insan daha da hüzünlü oluyor. Kederim bildiklerimdendir. Ama yine de bilmediklerini öğrenmeye çalışmaktan ve bildiklerinin üstüne (acı verse de) yenilerini koymaktan vazgeçmiyor insan. Çünkü her bilinmezin içinde gizli bir umut yatıyor. Zaman tükenmedikçe sana yeni tecrübeler sunmuyor.

İnsanın kaderi kendini bulmak adına zamanı harcaması mıdır ey güzel Allahım, bana beni bir tek sen buldurursun.

Satırları okuduktan sonra, "Ya senin ne güzel bir kalemin varmış Furkan Ağabey" demekten kendimi alıkoyamadım. Şiir gibiydi sözleri. Övgülerim onu biraz mahcup etmişti. Ben yine defteri okumaya devam ettim. Bir insan çektiği acıları bu kadar mı şiirsel anlatabilirdi?

Bir sonraki sayfaya geçtim hemen. İçimde sanki yıllardır bu cümleleri duymaya hasret kalmış bir ruh vardı sanki.

Şunu anladım ki mutlu olduğunu fark ettiğin an iniş başlıyor. Keşke hiç anlamasaydım. Keşke hep uzağında kalsaydım. Ama yine de avucunun içinde olmak istiyor insan, elinin tersinde değil...

Derdim dünyadan büyük sevdiceğim. Dilimde sus birikintileri. Ateşsiz yanmayı öğrettin bana... Helal olsun sana!

İyi insanlar iyi yaşayamıyorlar maalesef. Bu, kaderin garip bir cilvesi olsa gerek. Şimdi senden sonraki hayatım uzak ve yabancı bir şarkı gibi olacak; herkes dinleyecek ama kimse bir şey anlamayacak. Sığınılacak bir yer de bulamam artık kendime... Öyle ya terk edilmiş bir limansan kime sığınacaksın?

Nehirler denize karışana kadar nehirmiş anladım. Anladım ama ne çare... Bak sana gerek kalmadan kendi hayallerimi kendi ellerimle kırdım. Ben sana susadım dedikçe, sen bana çöl uzattın.

Şimdi dönüp geriye bakıyorum, "Gitme!" diyen yok. Demek ki yola çıkmanın zamanı çoktan gelmiş. Gidiyorum. Yolculuğum kendime. Yolculuğum içimde kaybettiğim içime. Ne tuhaf bir gidiştir o bilir misin? İçine doğru gidiyorsun ama bir türlü kendine gelemiyorsun. Kendini bulmak için çıkılan yolda herkesini kaybedebiliyormuş insan.

Görüyorsun ya hâlâ konuşuyorum. Yanımdayken de öyle yapardım. Dinlediğini sanır susmaya kıyamazdım. Bir sarmaşıktı belki kalbin, ama sen sadece kendine sarıldın.

Söyle şimdi ne yapmalıyım? Hatırlamak kalbimi yaralar, unutsam hafızam öldürür. Bazı yenilgiler şampiyonluk getirir derler. Söyle; sence hangisini seçmeliyim?

Ben kalbimi kurtarayım derken aklımı kaçırdım. Belli ki bir baharın bedeliydi bu... Tesellim olsun bari şu son sözüm...

Acı hatalar güçlü tecrübeler bırakır.

Haklıydı Furkan Ağabey. Gerçekten de acı hatalar güçlü tecrübeler getirirdi. Ama tüm bu tecrübelerin sonunda hâlâ yalnız olmak acaba insanda nasıl bir duygu yaratırdı? Sanırım şuydu yaşanılan: Olgunlaşmış bir yağmur damlasısın ama nereye düşeceğine bulutlar ve rüzgârlar karar veriyor. Soluksuz bir şekilde yazdıklarını okumaya devam ediyordum Furkan Ağabey'in...

Vazgeçildim galiba...

Yapacak tek şey kalıyor geriye; o da yazmak. İnsanın aşkın ne mene bir dert olduğunu bildiği halde tekrar tekrar aşkı yaşamak istemesi okuyarak anlamadığını yazarak anlamaya çalışması gibidir. Belki bir daha kimseyi sevmeyeceğim. Belki bir daha onun aşkından başka aşk yaşamak istemeyeceğim ama kendimi yazarak anlamaya çalışacağım bu kesin... İnsan bazen ne düşündüğünü anlamak için yazar. Umarım yanlış anlamam kendimi. Umarım bir daha kandırmam yüreğimi.

Vazgeçildim galiba...

Sebepsiz yere terk eden, bir gün bir sebep bulup döner. Ama bilmez ki sebepsiz yere terk etmek aslında bütün sebepleri siler. Ah sevgili... Gözlerin bir kitap gibiydi. Bana her bakışında seni okuyordum satır satır. Sonra boynuma indi o satırlar. Can kaybımdın. Ya ben seni yanlış okudum, ya sen yanlış yazılmıştın... Ve bilirim ki hâlâ gözlerinde şiirler yüzer, ağlaya ağlaya okuduğum, okudukça boğulduğum... Ne çok ağladım Allahım. İki küçük göze okyanuslar sığabiliyormuş. Söylemesi zor ama galiba bazılarını hayatımızdan silmediğimiz sürece gözyaşlarımızı silmeye mahkûmuz.

Vazgeçildim galiba...

Ama ben vazgeçmeyeceğim bunu bil. Biz, boynumuz vurulsa "Vardır bunda da bir hayır" diyecek kadar bağlıyız Rabb'imize. Bana vazgeçmekten bahsetme! Bir rüya gibiydi seninle yaşadıklarımız; bir yalan olduğunu uyanınca anladığımız... Demek ki neymiş? Rüyalar gerçekmiş; ama uyanmadığın sürece... Şimdi yalnızca gizlediğimiz o kör sevda kalıyor geriye...

Kimselere diyemediğimiz, sessizce sustuğumuz, sustukça içinde boğulduğumuz... Zaten o suskunluk değil miydi birbirimize ait olduğumuzu saklayan, bizi hep başkalarınınmışız gibi gösteren? Söylesek bizi bileceklerdi; sustuk başkasının sandılar. Bunu ne ben anlatabildim sana ne sen anlayabildin kanımca... Bak şimdi her şey daha da anlamsız, sen anlamayınca...

Vazgeçildim galiba...

Kanatlarım olsaydı güzel uçardım bu aşkta. Ama yine de en iyi düşmeyi bilirdim. Düşmek de değildi dert. Yeniden kalkabilmekti. Eğer ayaktaysan en iyi düşmemeyi öğrenmişsindir, yerdeysen düşmeyi. İkisi de birbiri için gerekli. Allah, insanın omzuna, düştüğünde kalkamayacağı kadar ağır yük koymazmış. Senin için fark etmez ama... Kalbinin kanatları kırılırsa kendi içine düşer en fazla... Artık ne diyeceğimi bilemiyorum. Zaten ne diyeceğimi bilemedim hiçbir zaman, ne demeyeceğimi bildiğim kadar... Bu yüzden susuyorum. Bir adamın ruhu ancak suskunluğundan okunabilir.

Vazgeçildim galiba...

Belki beni ilk vuran sen değildin ama o kurşun hâlâ içinde kalbimin. Şimdi buralar hep sensizlik. Sen beni merak etme. Her şey bıraktığın gibi ve nasıl başarıyorsam, bunca enkazın içinde inan her şey yolundaymış gibi... Zamandır geçer! Geçmeyenler kalır öylece... Bir tek şunu anlamıyorum: Beraber yürüdüğümüz bir aşktan neden yalnız dönüyorum?

En karışık yanısın aklımın ve eksiğimin ne olduğunu biliyorum. Senin hiç cesaretini çaldılar mı?

Vazgeçildim galiba...

İnsan nasıl da alışıyor tüm bu olanlara. Hayat beni bu hale düşürürken nasıl da devam ediyor hiçbir şey olmamış gibi akmaya. En çok da artık hiçbir şeyin beni şaşırtmamasına şaşırıyorum. İnsan etkilenmesi gerekenlerden nasıl etkileneceğini bile bilemiyor böyle olunca. O kadar iyi bir insandın ki kalbimi kırıp kırmayacağını öğrenmenin tek yolu sana âşık olmaktı. Şimdi bildiğimi sandıklarından daha fazlasını biliyorum. Mesela senin adına bildiklerim... Bana git desen yolumu bulamamandan korkacaktın, kal desen kendi yolunu kaybedecektin. Bunu biliyorum mesela... Yıkılmalarına dayanacak gücün kalmayalı beri hayal kurmayı bıraktığını, hayatı ilerlemek olarak değil geride bırakmak olarak gördüğünü, dün ne yediğini bile hatırlamadığın bir hayattan zevk almaya çalıştığını, âşık olduğunu ama âşık kalamadığını, eskiye oranla daha az mutsuz olduğunu ama tam bir mutluluk yaşayamadığını... Bunları biliyorum senin adına...

Vazgeçildim galiba...

Şimdi bütün günlerim gittiğin gün. Çok yabancılaştım kendime, sesimi bile tanıyamıyorum neredeyse. Hayatımda ol diyebileceğim bir hayatım da kalmadı artık. İkinci el yaşıyorum. Beni, ikiyüzlü ama tek beyinle çalışan insanların içinde yapayalnız bıraktın.

Beni içinden attın. Senin içinden beni çıkarırsan ben hiçbir yere sığamam... Bunu nasıl unuttun? Kaderim gitgide kederim oldu. Uzun bir vedaya çıkmak istiyorum şimdi. Ve yaşamak istiyorum; senli cümlelerin getireceği sensizliği... Gülüşün duan olsun, gamzelerine göm beni. Sensizliği anlatacak o kadar çok boşluğum var ki...

Vazgeçildim galiba...

Gözlerin bu kadar güzel olduğunu bilseydi böyle öldürür gibi bakar mıydı? Artık ustalaştım aşkta. Ama bu da geri getirmeyecek seni bana. Bir akşamdan kalma gözlerim var ki geceye ne kadar gözyaşı döktüğümü anlatır. Gülüşümden çıkaramadığını belki gözyaşlarım anlatır. Bir insanın hafızasından en son silinen şey sevdiği insanın sesi olurmuş. Bu yüzden hep sesli söylemeni istedim beni sevdiğini. Sen de sesimi unutma benim. Bir gün bir yerde göz göze gelirsek ve ben başımı öne eğip sessizce yanından geçip gidersem bil ki hâlâ seni seviyorumdur. Eğer bir cahillikse seni sevmek o zaman cehalete çok şey borçluyum... Bana daha öğrenecek nice eksiklerim olduğunu öğretiyor.

Vazgeçildim galiba...

Kafamda bir yığın bavul var tıkış tıkış. Yola koyulmadan bir vazgeçişin içine koyuluyorum. Yol uzun değil aslında... Ama ben çok yorgunum. Bilirsin dilim dönmez ayrılığa. Ayrılık yakışmaz ağzıma. Bir gün döneceksin diye çok korkuyorum ama sen yine de dön. Vazgeçildim ama hâlâ bekliyorum.

Yazdıkları beni derinden etkilemişti. Hem bir vazgeçiş hem de bir umut vardı yazdıklarında. Ben o satırları okurken Furkan Ağabey de beni izliyordu duygu dolu bakışlarla. Sanki aynı duyguları tekrar tekrar yaşıyor gibiydi. Bense tüm bunları bir insan yüreğinin kaldırıp kaldıramayacağını sorguluyordum. Acaba aynı acıları ben çeksem yine de hayata onun gibi gülümseyen gözlerle bakabilir miydim? İki saat öncesine kadar hiç tanımadığım bu adam şimdi ne kadar da tanıdık bir yüz benim için. Onun yüzüne bakarken gördüklerim, yaşayamadığımız aşkların özlemiydi. Onun yüzüne bakarken gördüklerim, bu dünyada hâlâ masum ve tertemiz sevebilen insanların var olduğuydu. Kirletilmiş aşklar coğrafyasında oradan oraya sürüklenirken gerçek sevginin ne olduğunu bize yeniden hatırlatan bir masal gibiydi Furkan Ağabey. Yazdıklarını okumaya devam ediyordum. Bir yandan da hikâyenin sonunu merak ediyordum.

Önceleri anlamıyorsun. Ayrılık gibi bir şey yaşıyorsun ama ne o gidiyor ne sen kalıyorsun. İlk günler öyle geçiyor. Çok sonra bittiğini anlıyorsun. "Birbirimiz için güzel bir kaderdik" diyorsun. Fakat sonra "Gözkapaklarım gibi karanlıksın. Kapatınca görünüyorsun" cümleleri dökülüyor ağzından. Sen şiirleri kurşun kurşun sıkarken kalbine, o başka bir şiirde gülümsüyor başka birine. Ölümden değil, yaşamaktan korkuyorsun. Acımasızlık bile ondan daha merhametli çıkıyor. Boşu boşuna yandığına ağlamasan da ağladığına yanıyorsun çok kez. Boş ver! Gözündeki yaşlarla gözündeki yaşları silemezdin zaten.

Yaşamak zor geliyor sonra... Ölüm ondan da zor! Doğruluğundan emin olmadığın bir yanıt gibi bakıyorsun hayata. Erteliyorsun kendini başka zamanlara; zaman sana başkalaştıkça... Mevsimler solmaya başlıyor içinde. Sen hep yazı bekliyorsun... Ama durmadan tura geliyor şansına. Fotoşoplu bir gülüşle bakıyor hayat yüzüne. Sen her seferinde inanıyorsun yine... Kanıyorsun. Kanmak, kanamak oluyor içinde. Oluk oluk kanıyorsun hem de... Neyi silmen gerektiğini bilmediğinden ne yazsan şiir oluyor. "Okusun da büyüsün" diyorsun. Ama o, okumak için gözlerini yumuyor. Fırlayıp çıkıyorsun içinden. Gitmek istediğinden değil, için tarafından terk edildiğinden...

Yaşadığın hayal kırıklıklarını sarmakla büyüyen çocukluğun hayatını sağlam bir kazığa bağladığı için olduğu yerde duruyor. Durmadan duruyorsun. Ne çocuk kalabiliyorsun ne büyüyorsun. Risk almayan insan azalarak yaşar. Azalıyorsun. Yani ölümünü zamana yayıyorsun. Öğretilmeyen ama bilinen bir şeydir bu. En sonunda şunu anlıyorsun: Abıhayat diye baktığın gözleri dikenli bir yolmuş meğer; her göz göze gelişlerinizde bakışlarını çizen... Yaralayan... Ve bıçak gibiymiş sözleri; duyan her kulağı kanatan...

Susulacak bunca şeye hangisinden başlamamalı? Ki susmak kelimelere ihanet etmektir az biraz... Belki de gidenin peşinden kelimeler salmalı. Senden çıkıp, sana çarpan kelimeler...

Beni benimle konuşurken yakalayabilirsiniz bu aralar. Evet, tam da anladığınız gibi... Kendimle konuşuyor gibi yapıyorum, kimse bana bir şey sormasın diye... Yanlış anlaşılmasın ben yolumu kaybetmedim karanlığa teslim oldum sadece; bir keşkem daha olmasın diye...

İçini kâğıda dökmek kolay da onları kâğıtlardan toplayıp tekrar içine sığdırmak zor... Yazdıkça büyüyor sanki cümleler. Senin yazdıkların seni hapsediyor. Satır aralarında karşılaşırız belki bir gün kim bilebilir...

Böyle de iyiydim ama seninle daha iyi olabilirdim. Sen ki gittin; yazılmamış bir şarkının nakaratısın şimdi... Keşke kalbinden tutup seni çekseydim kendime. Sen bende bir yara bırakmadın beni bir yara yaptın kendime. Beni hiç anlamadın. Gittin. Anlaşılmamış kalpte aşk durmazdı zaten. Yine de kaderime isyan etmiyorum. Sana beddua etmiyorum. Kötü bir sözü aklımdan bile geçirmiyorum. Çünkü Allah insanın içinden geçenleri bile duyar biliyorum.

İçinde senin olduğun bir yalnızlığı yaşamaktansa içinde senin olmadığın bir yalnızlığa razı oluyorum.

Yaşadığım duygular o kadar karışıktı ki... Onun satırlarını okurken zaman zaman hüzünleniyor, zaman zaman kızıyor, zaman zaman da kendimi sorguluyordum.

Allahım nasıl bir aşktı bu? Karşımdaki adama baktığımda hâlâ inanılmaz bir yakışıklılık ve karizma görüyordum. Hani şu elini sallasa ellisi dedirten insanlardandı. Böyle bir adam için kadınlar birbiriyle yarışırdı adeta. Ama o ömründe sadece bir kişiyi sevmiş ve aşka ihanet etmemişti. Hâlâ onu bekliyordu. Belki de bu dükkânda oluşunun sebebi bir gün Zeynep'in şu kapıdan içeri girme ihtimaliydi. Bir yandan bunları düşünüyor bir yandan da okumaya devam ediyordum.

Bugün gencecik yaşında ölen, hayranı olduğum ve "Beni anlamadın demeyeceğim. Beni anladın. Zaten en dayanılmaz acı buydu. Sen beni anladın. Anladığın halde canımı yaktın" diyen Frida Kahlo'nun bir yazısını okudum. Ne diyordu o yazıda biliyor musun dünyanın en şanssız kadın ressamı?

"Kötü günümde yanımda olmadığın zaman vazgeçtim.

Canın sıkıldığında benimle paylaşmadığında, kırılacak veya tedirgin olacak olsam bile düşüncelerini açıkça söylemediğini anladığım zaman vazgeçtim.

Bana yalan söylediğini anladığım zaman vazgeçtim.

Gözlerime baktığında kalbinle bakmadığını ve bana hâlâ söylemediğin şeyler olduğunu hissettiğimde vazgeçtim.

Her sabah benimle uyanmak istemediğini, geleceğimizin hiçbir yere gitmediğini anladığım zaman vazgeçtim.

Düşüncelerime ve değerlerime değer vermediğin için vazgeçtim.

Ağrılarımı dindirecek sıcak sevgiyi bana vermediğinde vazgeçtim.

Sadece kendi mutluluğunu ve geleceğini düşünerek beni hiçe saydığın için vazgeçtim.

Tablolarımda artık kendimi mutlu çizemediğim ve tek neden 'sen' olduğun için vazgeçtim.

Bencil olduğun için vazgeçtim.

Bunlardan sadece bir tanesi senden vazgeçmem için yeterli değildi, çünkü sevgim yüceydi.

Ama hepsini düşündüğümde senin benden çoktan vazgeçtiğini anladım.

Bu yüzden ben de senden vazgeçtim."

Keşke tüm bunları ben de anlayabilseydim ve senden vazgeçebilseydim. Öyle bir sıkıntının ve bıkkınlığın içindeyim ki... Geçmişimden ders alıyorum ama heyecanını hissetmiyorum. Heyecan gelecekte var ama onda da ders yok biliyorum. Neresinden devam etmeli şimdi yaşam? Ya da hayatın neresinden dönsem kârdır bilmiyorum ki...

Göremedim, bilemedim seni. Öğrendiğimde ise vakit çok geçti... Kalbi çorak olana çamur demektir yağmur. Bunu sana yağdığımda anladım. Seni kirleten her şeyden seni korudum da bir içindeki kiri göremedim. Öyle yabancısıydım ki senden gelen acıların. Tanımadığım için çok zor dayandım. Tanımadığın acılar tanıdıklarından daha çok acıtır. Bunu anlıyorum ama anlamak çözmeye yetmiyor bazen.

Veda bile etmeden çekip gidersen, sevgi dolu sözcüklerin bile zaman geçtikçe bir bıçağa dönüşüp batar işte böyle kalbime. Terk edildin demeseler öldüm sanacağım bu kederde. Gitmeden önce neden geldiğini hatırlasaydın keşke.

Sen artık benim değil, hatıralarınsın. Eğer varsa hatam, bir zamanlar bana duyduğun o sevgin hatalarımın üstünü örtmesin... Onları da benimle birlikte kabul etsin. Keşke benden böyle gitseydin. Kalbimin müsait bir yerinde inseydin.

Ben hayata ilk adımımı atarken düşmüştüm. İkinci kez kalbim seninle kırıldı. İkisinin arasınaysa bir ömür sığdı. Beni ben eden senken beni benden eden de sen. Çürüyorum bak şimdi. Tükeniyorum demiyorum. Çürüyorum. Aynı şey değil ikisi biliyorum. Aşk acısı, aşk güzelken ikimizindi de bitince neden yalnız benim oldu?

Attığın adımlara yol oluyor diye sokağındaki kaldırımlara teşekkür eden birine o taşlara verdiğin kadar değer vermemendi inciten beni. Sevgin dekor muydu? Ne çabuk yıkıldı? Ben seni bana verdiklerinle sevdim; aldıkların için de severdim. Ama gittin. Senden nasıl vazgeçebileceğimi bile göremeden gittin. Tıpkı nasıl vazgeçemediğimi göremediğin gibi... Zaten ölüymüşsün, hiç olmazsa yanına beni gömmeseydin. Şimdi pişman mısın peki? Ayrılığın kazası olmaz ey sevgili.

Unutma, bir gün gelir kendi tükürüğün seni boğar. Başkalarınınkine gerek kalmaz. Kandırmak denen şey kandırılanı öldürüyormuş gibi görünse de bir gün katili olacağı kişi kandırandır. Ben aşktan korkuyorum artık. Aldım boyumun ölçüsünü. Aşktan ancak ve ancak okkalı bir tokat yemeyenler korkmaz değil mi?

Şifa dilemiyorum merheminden. Çok yaralandım, çok acı çektim ama hâlâ ayaktayım ve yarına dair umudum giderek artıyor. Yaralar acıtsa da izleri o acıların artık geride kaldığını gösterir. Rabbim bana bu kadar dert vermişse, dayanma ve katlanma gücüme güvendiği için vermiştir. Vardır elbet bir bildiği...

Bir insanın gelecekten beklentisi kurduğu hayalleri kadardır. Benim hayallerimin başı sonu sendin. İçimdeki sebepsiz sevinçtin. Hani sen uyurken kar yağar da sabah perdeni açtığında her yeri bembeyaz görürsün ve içine sebepsiz bir sevinç dolar ya... İşte her gece kar yağıyordu bahçeme seni sevdiğimden...

Ve ben her sabah sevinçle uyanıyordum o karların bir gün eriyip gideceği aklıma gelmediğinden...

Birine sahip olmak istiyorsan ona kelepçe değil kanat takacaksın. Uçabildiği halde hâlâ yanındaysa senindir. Ve insan insana sevildiği için değil sevdiği için sadık kalmalı. Sadakat karakterin kalbidir. Kalbi atmayanın karakteri de gelişemez. Bizim gibilerin kalbine gelince; ezilen her kalpte ezenin ayak izi bulunur. Güzel sevenler kolay vurulur. Aşkınken düşmanın olur...

Çünkü seni sırtından bıçaklamıştır. Bazı düşmanlar pirincin içindeki beyaz taş gibidir. Varlıklarından haberdar olduğumuzda dişimiz çoktan kırılmıştır.

Son cümlesi mıh gibi çakılı kaldı aklımda. Ne kadar da hayata dair bir cümleydi. Bu adam farkında olmadan atasözü yazmıştı sanki: "*Bazı düşmanlar pirincin içindeki beyaz taş gibidir. Varlıklarından haberdar olduğumuzda dişimiz çoktan kırılmıştır.*" Bu nasıl bir sözdü böyle, nasıl bir hayat tecrübesiydi... Her satır hayat dersi gibiydi. O defterden o kadar çok şey öğrenmiştim ki... Bir sayfa daha çevirdim sonra.

Her türlü derde ve kedere katlanabilecek ve göğüs gerecek gücüm var, bu yüzden ayaktayım hâlâ. Ama ne kadar güçlü olursa olsun değiştiremediği şeyler de var insanın. Kocaman dalları ve görkemli görünüşüyle adeta bir güç simgesi haline gelen heybetli ağaçların durumu gibi... O kadar ulu ve irisin ama hiçbir yere gidemiyorsun. Çünkü seni ait olduğun yere bağlayan, söz geçiremediğin köklerin var. İşte bu tam da benim yaşadığım durum. Gücüm ve kudretim var ama köklerim hep ona bağlı... Ve biliyorum ki hiçbir ağacın yaprağı köklerinden daha güçlü olamıyor.

Ağaç, gücü ve kudreti köklerinden alır. Yapraklarına taşıdığı hayat köklerinden gelir. Onu oraya bağlayan ona güç de verir yani. Ben de ona bağlıyım ve gücümü ondan alıyorum; gitmek istediğim hiçbir yere gidemesem de... Ama biliyorum ki içim dışımdan büyük.

Aslında hiç kimse yalnız değil hayat denen bu karmaşada... Küçük beyinli insanlar bile her zaman kendisinden daha küçük beyinli olan hayranlar bulabiliyor kendine. Asıl dert seçtiğimiz ve seçildiğimiz yalnızlıklar... Ailen sana bu hayatta mutlaka insanlara güvenmen gerektiğini öğretiyor ama hayat sana bunun tam tersini... Yani kimseye güvenmemen gerektiğini... Ben ona güvenmiştim. Çok da sevmiştim. Ben sevmenin anlamını onda bulmuştum. Ama o bana sevmemem gerektiğini acı bir tecrübeyle öğretti. Kimseyle değildi oysa benim mücadelem. Benimki sadece bir içsavaştı... Kim galip gelirse gelsin ben yenilenecektim...

Olsun. Pişman değilim. Belki onda bir şiir olamadım ama en sevdiğim şairin elini tuttum. Bu da yeter bana. Yüzüm yine de gülüyordu hayat denen uzun dersin, mutluluk denen kısa teneffüslerinde... Aslında kuyu derin değil, elimdeki ip kısa. Bu yüzden bu korkular, bu geri adım atmalar. Kendi ipimle kuyuya inememeler. Sadece biraz umut bekledim karşı kıyıdan. Çünkü ben herkesi kendi gibi bilenlerin diyarından geliyordum. Çünkü kapatmak için değildi benim kapılarımın hiçbiri...

Yalnız bırakılsam da yalnızlığımla yürüyorum bu yolda. Gerçek yalnızlık elini kimsenin tutmaması değil, tuttuğun elin artık sana hiçbir şey hissettirmemesidir. Sen bende bunu mu yaşadın a sevdiğim? Bunu mu yaşayıp beni ellerinden sıyırıp ellere attın? Şimdilerde hep uykuya sığınıyorum biliyor musun? Ne çok benzeşir uyku ölümle. Her gece koşarım uykuma; yaşamak istemediğimden... Hayatımda gördüğüm ilk kalp ölümü benimkisiydi.

Bir otobüs yolculuğu gibidir hayat. Sağ taraftaki manzarayı izlerken, sol tarafı kaçırırsın. Unuttuklarını hatırlamak isterken, hatırlamak istemediklerin gelir aklına. Artık beni nasıl unuttuğunla değil, nasıl hatırlayacağınla ilgileniyorum. Senin umurunda mı bilmiyorum ama bu benim için önemli. Sende bıraktıklarım, senden kalanlardır çünkü... Yumuşak yüreğinin arkasında sakladığın zorbayla artık savaşamıyorum. Beni hak ettiğim yere bırak; bulduğun değil...

Bana iyi geldin ama kötü gittin be sevgili! Bir dilsize konuşmayı öğretmeye çalışmak gibi bir şeydi seni sevmek. Belki o dilsiz konuşamadı ama ben artık sustum. Büyük konuşan büyük susar. Belki zamanla her şey geçecek ama o zaman bir türlü geçmiyor işte. Nefesimi içimde kaybettim. Ciğerlerim sızlıyor ciğerlerim; düşün! Neden kalbim değil?

Nerede hani aşkın başlamasına yardım ve yataklık eden her şey? Neden bu kadar yalnız bırakıldım? İçime doğru yürüdüm yalnızlığımda. Karşıma çıkan tek kişi yine kendim oldum. O kadar yalnızım işte anlasana... Ah kaderim! Bu dünyada başkalarının kendisini benden daha iyi sevemeyeceğini söyleyip başkasına gittiğini görmek de varmış... "Ya sen ya hiç kimse" deyip, hiç kimseyi seçti. Onun sevgisi işte bu kadar.

Sen bana hayallerinden bahsetmiştin ben de senin içini görmüştüm. Daha doğrusu gördüğümü sanmıştım. Başka türlü tanıyamazdım seni. Şimdi tanıyamadığımı hatırlamaya çalışıyorum. Kaderi bir gün unutulmak olanı her gün hatırlasan ne çare... Ama yine de bu soruları kendime sormadan yapamıyorum. Benim tanıdığım bana nasıl yapar bunu? Ve nasıl unutur insan hep onu düşündükçe? Soruyorum bunu kendime. Bize dair sorulan her soru başkaları tarafından sorulsa bile cevabı sorana değil de kendimize veririz her seferinde. Bazen o cevabı soru sorulana kadar da bilmeyiz aslında. Ve bazı sorular cevap almak için değil, cevap vermek için sorulur. Cevap sonradan anlaşılsa bile... Tıpkı sonradan ağlatan bazı şiirler gibi... İnsanın kendini tamamlayan birini kaybetmesi ne demektir bilir misin? Senin cesaret edemediğin aşkın acısını çeksem de hayat boyu gülümse diyor ve gülüşünden öpüyorum.

İçimi parçalıyordu her satır. Ben bu satırlarda kaybolurken, hayat devam ediyordu. Dükkâna müşteriler giriyor, kendilerine ya da sevdiklerine gümüş alıyor, birçoğu duvarda asılı duran "Allah'a emanet ol" yazısını fark etmiyordu bile. Bense her sayfa çevirişimde o yazıya bakıyor, Furkan Ağabey'in nasıl ayakta kalabildiğine, içindeki acıyla nasıl başa çıkabildiğine bir kere daha şahitlik ediyordum. O ise müşterilerle ilgileniyor, gelen herkese aynı saygı ve gülümseyişle hizmet vermeye devam ediyordu. Dükkândan herkes memnun ayrılıyor, duvarda asılı duran yazı tüm bunlara şahitlik ediyordu.

İçeride kimse kalmadıktan sonra tekrar tezgâhın arkasındaki yerini aldı Furkan Ağabey. Tüm yakışıklılığı ile bana gülümsüyordu.

"İnşallah sıkılmıyorsundur okurken?"

"Ne sıkılması Furkan Ağabey! Ben bugüne kadar okuduğum kitaplardan bile bu kadar etkilenmemiştim. Ne güzel ifade etmişsin duygularını."

"Vallahi bilmiyordum inan. Aşk böyle bir şey işte... Sürekli olarak kendinle tanışıyorsun."

"İyi ki tanışmışsın ağabey. Ve iyi ki tanışmışım seninle."

"Bir kahve daha içer misin?"

"İçerim ağabey. Ama sana zahmet olmasın?"

"Ne zahmeti canım. Hadi sen okumana devam et. Ben hemen getiriyorum kahveni."

Ayağa kalktı ve dudağında bir ıslıkla dükkânın arka tarafına geçti yine. Bense bir sonraki sayfayı çevirip devam ettim okumaya...

Her yaşın ayrı bir hızı var. Bazen çok yavaş büyüyor insan bazen de olması gerekenden çok daha hızlı. Sanırım artık toparlıyorum kendimi. Hayat bana eksilenlerimle büyümeyi öğretiyor. Geride bıraktım sensiz ve zor günleri. Rabb'ime yöneldim yokluğunda. O bana öğretti senin eksik bıraktıklarını. O doldurdu benim eksilen yanlarımı. Nefsime gömdüm seni. Artık tek başımayım ve buna alıştım. Zor günlerimi sensiz atlatmışsam daha kime ihtiyacım olabilir ki? Sensizliğin ustası bizliğin cahili oldum üstünden geçen zamanda. Unutma! Zaman birçok yaranın sargısıdır.

Sudan sebepler içtim. Ekmediklerimi biçtim. İçimi sensizlikle doldurdum. Saçlarımda birkaç kır, alnımda seni anlatan birkaç çizgi var şimdi. Ayrılığın nasıl bir dert olduğunu gençken öğrenip, yaşlanınca anlıyor insan.

Hiç kendini sorguladın mı diye çok merak ediyorum biliyor musun? İçine eğilip baktın mı benden sonra... Ne gördün baktığında? Ah unutmuşum! Hiçbir ayna kendini göstermezdi değil mi?

Ben hâlâ kaybettiklerimin anılarını yaşıyorum ve inan anılar değil unutulmaz olan, anıların bıraktığı acılar ve kaybolan mutluluklar. Zaten tek başıma kalmışım. Bir şeyleri kaybetmek neyi değiştirir ki? Belki de benim dünyamın dışında kalan her şey değişti yenilendi ama ben hayata hâlâ eski gözlerle bakıyorum.

Şimdi kim bilir ne yapıyorsun? Birlikte dinlediğimiz şarkıları acaba başkasıyla mı dinliyorsun... Ben eski günlerin üstüne oturup geleceği izliyorum. Ve o geleceği geçmişimin kafesine kapatıyorum. Uzak ve sakin bir yerindeyim hayatın. Hiçbir şey aramıyorum. Aradığım sen olmadıktan sonra bulduklarımın hiçbir önemi yok. Nasıl olsa başı ayrı sonu aynı bir hikâye bizimkisi... Yumrukladığım duvarlar susturdu artık içimi... Meğer herkes kendisi için severmiş bir başkasını... Sevilmek için severmiş harcadıklarını...

Aldatılmak, her şey normal seyrindeyken sana gelip son sürat çarpan keder yüklü bir kamyondur. Canından can sökülür. Kendine geldiğinde anlarsın öldüğünü.

Yanımdayken kimseye benzetemezken gittiğinde herkese benzettiğimsin şimdi. Böyledir işte hayat. Senin sevmeye kıyamadığın başkasına âşık olur. Senin de bir yanın ondan nefret ederken öteki yanın hep onu özler. İnsanın hem gölgesinden korkup hem de güneşe çıkmak istemesi gibi bir şey bu. Allahım nasıl bir şaka bu? İnsana insanla şaka yapılır mı hiç?

Elde edemediklerimi borçlandım, ödemesi çok güç oldu. Yine de uslanmadım. Seve seve hatalar yaptım. Yanlış cümlelerde kullanıldım. Tecrübelerden bir ders almamak da bir tecrübedir. En son geldiğim noktada bunu anladım.

Ağrısı azalan ama hiçbir zaman yok olmayan bir acıya dönüştün bende. Yenemediğin acıyı yaşarsın. Bu yüzden utanarak da olsa kabullendim bu yenilgiyi, bu yalnızlığı... Yalnızlığımdan değil aslında bu utangaçlığım; yalnızlığımın ve onun getirdiği acılarımın başka insanlar tarafından fark edilmesinden...

Varlığın hangi boşluğu doldurmuşsa yokluğun da orası olacak sanırım. Değeri kaybedilince anlaşılan değil, kaybedildiğinde değerlenen biri mi olacağım senin için? O zaman zaferdir sana yenilmek.

Birine sen güçlüsün demek, onun bazı konularda zayıflık gösterme hakkını elinden almaktır. Bazen o kadar güçlü zannederler ki seni... sen bile inanırsın buna. Herkes gelir sana ağlar, herkes senden akıl ister ama kimse seni dinlemez. Bunları da yaşadım senden sonra. Tükettiler ömrümü beni yalandan yere seve seve.

Gelip sorsan neler anlatırım şimdi sana. Tükenmekte olan bir sigaranın neler çektiğini havadaki dumana değil, ucundaki köze soracaksın ama...

Acıma yabancılaşırsam daha az kanarım. Unuturum belki de... Ama seni unutmak için başkalarını kullanmam. Dünün keşkeleriyle dolu bir bugünü yarına taşıyamam. Bu yüzden dünümü düşündükçe içim burkulsa da hep güzel olan yanlarını getiriyorum aklıma. Hiçbir bayram seni sevdiğim gün kadar bayram olmamıştı bana. Vazgeçmek, kaybetmekten de kötüdür. O yüzden minicik bir umut taşıyorum içimde, bir gün döneceğine dair. Umut, küçük de olsa bir ışıktır. Böyle zamanlarda değeri bin güneş eder. Ve küçücük bir ışık, dev gibi bir karanlığı yok etmeye yeter.

Furkan Ağabey kahvemi getirdiğinde okuduğum bölüm bitmişti. Yine yoğun duygular vardı satırlarda. Ama en çok da umut... Aldığı darbeye rağmen hâlâ içinde bir umut taşıyordu besbelli. Bugün dönse dünü silecek, söküp atacaktı sanki içinden. Hiç yaşanmamış sayacaktı. Yazılanları okudukça içimdeki merak daha da büyüyordu. Bu hüzünlü hikâyenin nasıl sonlanacağını düşünürken, içimden mutlu bitmesi için dualar ediyordum.

Furkan Ağabey kahvemi önüme koyduktan sonra duvardaki çerçeveye baktı uzun uzun. O an aklından geçenleri bilmek için neler vermezdim. Ama bunu sormaya da asla cesaretim yoktu. Gözüm tekrar önümdeki deftere kaydı. Son sayfaya gelmiştim.

İnsan olarak doğuyoruz ama hiçbirimiz insan olmaya çalışmıyoruz. Kendi isteğimizle gelmediğimiz bu dünyadan yine kendi isteğimiz olmadan göçüp gidiyoruz. İstediğin halde yapamadıkların, yapabildiğin halde istemediklerin kalıyor geride... Aldığın nefes, verdiğin nefesten hesap sorsa da sana hayat veren her nefes, seni hayata başlatan ama aynı zamanda seni hayattan ayırabilecek olan bir ihtimal oluyor.

Aşk ilahi bir cinnettir der Cafer-i Sadık Bin Muhammed. Çok şükür ki yaşıyorum bu cinneti. "Allahım bana kaybetmekten korkacağım şeyleri verme!" diyordum ve o bana seni veriyor. Bu da benim sınavımmış demek ki. Sana gitmen için ayaklar veren Rabbim kalman için nedenler vermemişse bunun suçu bende demektir.

Aşkta verdiğin mücadele kalbindeki sevginin büyüklüğü ile orantılıdır. Kendindeki aşktan başla inanmaya. Sendeki o duyguya inanmıyorsan karşındakinin duygusuna nasıl inanabilirsin, kıymetini nasıl bilebilirsin? Aşk insanın insanda açtığı yara... Aşk insanın insanda başlattığı fırtına... Ve sakın unutma! Aşk kendini kirletmez. Onu kirleten şey insan kalbindeki çöplüktür.

Kalbime gözlerimden girmiştin. Kalbime indi aşk. Tırnağın kırılsa kendi tırnaklarımı dişlerimle sökecek kadar çok severdim. Sende kendimi bulurken sensizlikte kaybedeceklerim aklıma bile gelmezdi. Giderken sıktığın bu kurşun beni hangi yaşımda öldürecek bilmiyorum. Şimdilik yaşıyorum. Zaten sende sonsuza kadar var olmak değil, varlığımı sonsuza kadar hissettirebilmek istiyordum.

Hep gidecekmiş gibi kalanlarla hep kalacakmış gibi gidenler gördüm. Kim bilir daha kimleri kaybedeceğim, kim bilir daha kimler kaybedecek beni... Terk edilmek değil beni bitiren, bir daha kimseye güvenmeyecek olmam. Erkeklere en büyük yalnızlığı en yalnız kadınlar verirmiş. Hayali kurduranın yıkmasıdır bu. Aslında hayal kurmak değil de kurulan hayalin boşa çıkması yoruyor insanı. Yoluna ömrünü sermiş birinin hayatının üstüne basıp geçmek cinayet değildir de nedir? İnsanların yalan söylemesine şaşırabilecek kadar masumdun halbuki. Ah benim hayal kırığım... Yalanın kostümü çoktur ama gerçekler çıplak gezer.

Aklımın kalbimi oyaladığı doğrudur. Ama bazen insanın kalbi aklından daha akıllı olabiliyor. Fakat yine de bu onun yara almasına, kırılmasına engel olamıyor. Kırılan kalp atmaz bilirsin. Sonra dil devreye giriyor... Durmadan konuşuyor. Kendini avutmak için kendine birbirinden güzel yalanlar söylüyor. Seni yeniden sevmeye zorluyor. Sevmeyi yeniden öğrenmeye çalışmak, sevilmemekten daha zor. Bana olmasa da buna inan. Dedim ya dil hep konuşuyor. Hem de çok güzel konuşuyor. Ne zaman susman gerektiğini bilmedikten sonra güzel konuşsan ne olur? Sonunda "hep" demekten "hiç" olanlara dönüyorsun.

Bizi yalnızca ölüm ayırır derken hayatın ayırması ne acı. Veda etme yüceliğini gösteremeyenler, ihanet etme alçaklığına düşer. Tıpkı senin düştüğün durum gibi... Oysa kırmaktan sakınırcasına dokunmamıştım bile sana. Aşk dokunmak değil hissetmekti benim nazarımda. Seninle başladığım her dakikayı sensiz bitirme korkusuydu bu. Sana verdiklerimle büyümüştüm ben. Ne aradığını bilmeyen ne bulduğunu da anlamaz. Kaybolmayı istemezdim daha bulunmadan...

Birinin yokluğunu sevmek mi daha zordur yoksa o yokluğa alışmak mı? Hangisini seçmeli ki insan bu kadar kanarken? Öyle yerindeyim ki hayatın "an"ı yaşayayım desem daha cümlem bitmeden "an" eskiyor. Ben aklımdan geçeni değil aşkımdan geleni yaptım ama yetmedi... Yangına dayanaksız kalbimdi senin alevlerini coşturan. Oysa ne kolaydı değil mi için için yanan bir kalbi küle çevirmek... Haksız yere beyazlamış saçlarımın o yıllardan alacağı var.

Yine de sitem etmiyorum sebep olanlara. Değmeyecek insanlara değip de kirlenmesin sözlerim. Anıların güzel kalan yanlarıyla oyalanıyorum. Güzel aşkın anısı çirkin olmaz. Yalnızlığımın limanına demirledim. Limana sığınan her sandal orada durduğu sürece güvende olur ama yüzmez. İşte bu acıtıyor içimi. Ben aşkının denizinde yüzmek, gerekirse dalgalarında boğulmak istiyorum.

Sensiz bir hayata alıştım da senin bensiz bir hayata alışman zoruma gidiyor. "Gel ve yeniden başla bana! Yoksa bitirecekler beni. Gel aşkımdan öp beni!" diye haykırmak istiyorum. Ama nutkum tutuluyor. Bunda da bir hayır vardır diyorum. Hayra yorduğum hiçbir şeyden hayır gelmiyor.

Bir yara kaldı senden. Beni hayatta tutan her şeyi o yaraya basıyorum. Hüzünlü şarkılar dinliyorum. Acı veren şarkılar... İnsanın içini acıtan bu şarkıların en iyi yanları ne biliyor musun? Bitmeleri! Bittiğine emin olmadığın her şey her gün yeniden başlıyor çünkü...

Yolunda gitmeyen şeyler bile yolundan etmemeli insanı. Yürüyorum ama eskisinden daha az konuşup, eskisinden daha çok susarak. Seslerin içinden sessizce geçiyorum. Susmayı ve boğazıma takılan her soruyu yutkunmayı seçiyorum. İnsanları mutsuzluğumla yormak yerine sessizliğimle oyalıyorum. Belki bir süre sonra her şeyi unutmayı da öğreneceğim. Kendi içime çekilip oradan kendime mutluluklar devşireceğim. Hüzünlerimi rafa kaldırıp, kederli bakışlarıma perdeler indireceğim. Belki de kimseye ihtiyacım kalmayacak artık. Kimseyi umursamayacağım. Kendi kabuğumun içinde kimseye bulaşmadan yıllar gelip geçecek. Birileri "Yalnız ölecek bu adam..." diyecek. Ama kimse huzurlu yaşadığımı bilmeyecek.

Hayal kırığım. Acıyı sen ettim içimde. Ve sen neysen ben onu sevdim. Mutluluğun peşinden koşarak da mutlu olunabiliyormuş... Yokluğunla da yaşanabiliyormuş... Kalbim haklı. Ama olsan daha güzel yaşanırdı...

Kahvem bittiğinde defterin sonuna gelmiştim. İçim burkulmuş, gözlerim dolmuştu. Okuduklarımda her şey vardı ama bir son yoktu. Ve ben en çok bu hikâyenin sonunu merak ediyordum. Sormaya cesaret edemediğim o soruyu sormak için biraz oyalandım. Furkan Ağabey'in yüzüne bakıp cesaretimi topladım ve "Peki sonra ne oldu?" diye sordum. Yüzünde hüznü gördüm o an. Duvardaki "Allah'a emanet ol" yazısına baktı. Tozlanmış çerçevesinde gezindi yorgun gözleri. Ve o gözler ilk defa dolu dolu oldu. Gerisini o anlatmaya başladı...

"Hem ölüm fermanım hem can simidim oldu bu yazı. Rabb'ime sığındım. O da kendisine açılan eli boş çevirmedi. Ettiğim duaları kabul etti, ruhuma yeniden nefesini üfledi ve ben yaşama tekrar tutundum. O günden sonra ettiğim dualar her şeyin daha iyi olması adına değil, bundan daha kötü olmaması adınaydı. Çinlilerle yaptığım anlaşma gereği Türkiye'nin birçok yerine bayilikler verdim. Çok para kazandım. Sadece bana değil, sülaleme yetecek kadar param vardı. Yalnızca bu dükkânı o anlaşmanın dışında bıraktım. Burası onun dokunduğu yerdi. Burada onun izleri vardı. Buraya kimseyi ortak edemezdim. Dedim ya çok kazandım ama bir şeyler hep eksik kaldı.

Çinli firma bayilik verdiğim yerleri denetleme işini de bana yıkmıştı. Her hafta sonu başka bir şehre gider, dükkânları önce uzaktan izler, sonra müşteri gibi girip bir şeyler alır denetimimi tamamlardım. Kural dışı bir durumla karşılaştığımda rapor düzenler merkeze yollardım. Artık sadece işimle ilgileniyor ve ibadetimi yapıyordum. Hüseyin Amca ve eşiyle o günden sonra hiç görüşmemiştim. Kalbimde onlara karşı bir türlü üstesinden gelemediğim bir kırgınlık vardı. Yaptığımın doğru bir şey olmadığını biliyordum ama yine de engelleyemiyordum kendimi. Zeynep'in apar topar evlenmesine göz yummuş olmaları benim için affedilir gibi değildi. Ama nerden bileceklerdi onu bu kadar sevdiğimi... Onu hiç unutmadım. Ondan sonra hayatıma hiçbir kadın girmedi. Dünya güzelliklerine gönlümü kapamıştım zaten. Madem diyordum o olmadı o zaman ondan başkası da olamaz...

Bazen öfkeleniyordum. Böylesi bir ihaneti hak edecek ne yaptım diyordum. Ama sonra aklıma Kınalıada'da geçirdiğimiz o bir hafta geliyordu, atlayıp vapura oraya gidiyordum. Beraber yürüdüğümüz yollardan yürüyüp geçiyordum. Bisiklete bindiğimiz kıyıyı adımlıyordum.

Oturduğumuz masada oturup, konuştuğumuz her şeyi kendime yeniden hatırlatıyordum. O zaman kalbimdeki öfke azalıyor, yerini affedici bir duyguya bırakıyordu. Ailesini de affediyordum içimden sessizce. İnancım kin tutmama müsaade etmezdi benim.

    Zaman böyle akıp geçti işte. Aradan tam beş yıl geçmişti. Bir gün Hakkâri'de bayilik verdiğimiz bir dükkân hakkında şikâyet geldi. Müşterilere yüksek fiyattan ürün satıyorlarmış. Şirket gidip denetlememi istedi. Gittim. Dükkânın yakınlarında bir yerde gözetleme için pozisyon aldım. İçeri giren ilk müşterinin peşinden ben de girecek ve nasıl muamele edildiğini, kaç liradan satış yapıldığını o günkü kur üzerinden hesaplayacaktım. Dükkânı gözlemeye başladım. Kısa süre sonra dükkâna bir adam girdi. Yanında eşi ve dört beş yaşlarında olduğunu tahmin ettiğim bir kız çocuğu vardı. Tabii arkalarından hemen ben de girdim içeri. Girmez olaydım.

    Zeynep, subay eşi ve kızlarıydı gördüğüm aile. Onu yıllar sonra ilk defa orada gördüm. Zeynep beni fark etmedi. Kendimi nasıl dışarı attığımı bilmiyorum. Büyük bir kararlılıkla girdiğim yerden kaçar gibi çıktım. Kalbim sıkışıyor, başım dönüyordu. Dükkândan çıkmalarını bekledim. On dakika sonra kapıda belirdiler. Hâlâ çok güzeldi. Güneş vurduğunda gözleri bir elmas gibi parlıyordu. Hiç değişmemişti. Evlerine kadar takip ettim. Subay lojmanlarında oturuyorlardı.

Dönmedim İstanbul'a... Bir ev tuttum kendime, lojmanlara yakın... Her gün izledim onları uzaktan. Tıpkı eskiden olduğu gibi... Hep uzaktan...

Gümüşçüyle konuştum sonra. Ayda bir iki kez gelirlermiş. Kadın çok severmiş gümüşü. Başka yere gitmezmiş. Küçük kızlarına da alırlarmış. Beş yaşındaymış kızları. Adam çok iyiymiş, hiç üzmezmiş karısını. Ne derse yaparmış. İyi ki de öyleydi. Yoksa benim bakmaya kıyamadığımı üzene nasıl bir düşmanlık beslerdim Allah bilir. Beslerdim de ne olurdu? Hiçbir şey yapamazdım ki... Bana ait değildi ve karışma hakkım yoktu. Hiçtim... İki yıl olmuş oraya tayinleri çıkalı. Mutlu mesut yaşarlarmış. Esnaf da çok severmiş onları... İçim acıyarak dinledim bunları. Allahım bu nasıl bir sınavdı? Ağır çekim bir ölümdü yaşadığım.

Oraya ne için geldiğimi unutmuştum. Ne rapor yazdım ne de haber verdim şirkete. Gerçekten de fahiş fiyattan satarlarmış. Bunu haber vermediğim için fes etti şirket anlaşmamı. Hatta onlarla işbirliği yaptığımı bile iddia ettiler. Cevap bile vermedim. Beş yılda ne kazandıysam beş günde kaybettim. Bir tek bu dükkâna dokunamadılar anlaşma dışı diye... Umurumda bile değildi. Aklımdaki tek şey Zeynep'ti. Onları uzaktan izlemeye devam ettim aylarca, mevsimlerce...

Her pazar parka giderlerdi. Kızları çok severdi salıncakta sallanmayı. Onlar bir bankta oturur, salıncaktaki kızlarını izlerlerdi. Ben de uzaktan onları... Adamın eli saçlarını okşardı Zeynep'in dipten uca. Hem de defalarca. O el o okşamayı bitirene kadar defalarca baltalar inerdi kafama. Beni ikiye ayırırdı o baltalar defalarca. Zeynep başını adamın omzuna yaslardı bazen; ben ölürdüm. Bana ait olmayanı bana aitmiş gibi hissederek, başkasının kollarında izlemek öyle acıtırdı ki canımı. Kızlarını izlerdim kederli kederli... Kendime benzetmeye çalışırdım yüzünü. Bana benziyor sanırdım o kız. Ağlardım gizlice. Bazen kendimi ona belli etmek isterdim. Buza dönmüş içimle çıkıp karşısına 'Ben geldim yak beni!' diye bağırmak isterdim. Uzaktan onu seyredip donmaktansa, yakınına gelip yanmayı dilerdim. Ruhumla seviyordum. Bedensiz bir aşktı bu. Sessizce ağladım her gece.

Kimselerle konuşmadım aylarca. Kendi sesimi bile unuttum. Sessiz harflerle yaşadım gecelerimi. Öyle de güzeldi onu sevmek. Kıyaslama yapabileceğim hiçbir aşkım olmamıştı. Yaşayamadığım aşkları yaşayamadığım bir aşkla da kıyaslayamazdım. Sadece şöyle tarif ederdim yaşadığım şeyi sorsalardı: Yağmur yüklü bir bulutun altındasın ve susuzluktan ölüyorsun ama o bulut sana yağmurunu değil gölgesini veriyor. Sen o buluta âşıksın ve bir gün sana yağmurunu yağdıracağını sanıyorsun. Ama o bulutun senden haberi bile yok ve başka birine sunuyor tüm bereketini. Evet! Sorsalar böyle derdim. Garip bir duygu... Kendini tanıyamıyorsun. Ruhun aynı ama sanki üstüne başka bir vücut giyiyorsun. Bazen ne yaptığını sorguluyorsun. İçinden bir ses nafile çabaladığını söylüyor. Ama vazgeçmiyorsun. Koca bir hiçin içini doldurmaya çalışsan da vazgeçmiyorsun. Evet vazgeçmedim. Ondan vazgeçmeyi aklımın ucundan bile geçirmedim. Yumruklarımla duvarları dövdüm. Kafamı yastığımın içine gömdüm. Hıçkırıklarım duyulmasın diye yorganımı ısırdım her gece. Günlerce yemek yemedim. Hastalandım. Saçlarım beyazlamaya başladı ama vazgeçmedim. Onu sevmeye, onu izlemeye devam ettim.

Bir gün koşarken düştü kızı. Sanki ben kapaklanmıştım yere. Sanki benim kızım kapaklanmıştı. Birden fırladım saklandığım ağacın arkasından, koşup kaldırdım küçük kızı. Ağlıyordu. Bir baktım ki Zeynep de tutup kaldırmış benimle birlikte. Yıllar sonra ilk kez göz göze geldik onunla. Aramızda beş yıl süren beş saniyelik bir suskunluk oldu...

Yüzünde en küçük bir mimik olmadan yağmur gibi indi yaşları. Ben onun gözlerine 'Hayatın içinde aradığını başkalarının kollarında bulmak ne acı. Yakmadığın kaç mum söndü içimde bir bilsen. Ah be sevdiceğim ziyan ettin bizi. Kanadıma gökyüzü olmadan kanadığıma yanıyorum şimdi. Sözlerini bir türlü öğrenemediğim bir şarkı gibi saklıyorum seni' der gibi baktım. O ise benden 'Bazı sözler anlaşılmasın diye yazılır. Her şeyi geçmişte bırakmak için fazla ileri gittim' der gibi kaçırdı bakışlarını. Bilmediği bir dili anlıyordu insan onu sevince. Ve ne çok şey anlatıyordu ağzından çıkan sessizlik... Çocuk ağlıyordu, kocası oturduğu banktan bize bakıyordu. Gitti kızının saçlarını okşaya okşaya. Baktım arkalarından... Kızın yürüyüşü benimkine benziyordu sanki..."

Furkan Ağabey ağlıyordu. Ben ağlıyordum. O küçük gümüşçü dükkânı ağlıyordu. Duvardaki yazı ağlıyordu. Her şey ağlıyordu. Baktığım her yerde o yazıyı görüyordum sanki. Keşke hiç sormamış olsaydım. Keşke bilmeseydim o yazının neden oraya asıldığını... Yakışıklılığından hiçbir şey kaybetmemiş olan bu adam, keşke karşımda ağlamasaydı böyle hüngür hüngür. Sonra sustu Furkan Ağabey. O susunca her şey susuyordu zaten. Öyle bir sustu ki bir daha hiç konuşmayacak sandım. "Sonra ne oldu peki?" diye soramadım. Ben de sustum onunla. Derken yine devam etti anlatmaya.

"Sonra bir daha hiç göz göze gelmedik onunla. Ben yine onu uzaktan izlemeye devam ettim. Ama gözleri hep beni aradı o günden sonra. Yüzünde tedirginlik ve umut karışımı bir duygu eşliğinde ürkek ve meraklı gözlerle baktı hep etrafına. Ama ben bir daha karşısına hiç çıkmadım onun. Uzaktan izlerken, artık daha uzaktan izlemeye başladım. Yaşamadıklarımızın hayaliyle yaşıyordum. Aynı hayalleri her gece kuruyor, sabah çöpe atıyor, akşam yine çöpten topluyordum. Yarım bir insandım ben artık. Yarım yamalaktım. İçimin acısı dinmedi. Onca kafiye buldum acılarıma yine de bir şiir etmedi.

Sonra bir gün onun feryatları yükseldi evinden. Alıp götürdüler. Kollarında iki kadın subay vardı. Ne olduğunu sordum komşularına. Kocası şehit düştü dediler. Askeri araç geçerken yola tuzakladıkları bombayı patlatmış teröristler. O an ilk kızı geldi aklıma. Babasız kalmıştı yavrucak. Daha çok küçüktü halbuki... Asker selamıyla uğurluyordu eşini, cenaze arabası geçerken önünden. Küçük kız soruyordu ağlayarak 'Anne, babam nefes alamaz ki o kutuda. Neden çıkarmıyorlar onu?' diye.

Cenazeden bir ay sonra parkta gördüm onu. Yine salıncaktaydı kızı ama bu kez tek başına oturuyordu o bankta. Yanına oturdum sessizce. 'Neden böyle oldu?' dedim. Gözlerini salıncaktaki kızından ayırmadan cevap verdi. 'Her şey senin içindi' dedi ve bir bir anlattı olanları. Annelerimizin biyolojik annelerimiz olmadığını orada öğrendim. Kardeş olduğumuzu da... Başımdan aşağı kaynar sular döküldü. O an ilk defa ölmek istedim. Önce inanmadım. Ama gizli kayıtları kendi gözüyle gördüğünü söyleyince bana susmak düştü. Allak bullak olmuştum. Yıllarca süren bir düşüşten sonra yere çakılmıştım sanki.

Ne diyeceğimi, nasıl tepki vereceğimi bilemedim. Sevdiğim kadın kardeşim olamazdı. Adın diye bildiğin adının seneler sonra gerçek adın olmadığını öğrenmek gibi bir şeydi bu. Yıllardır beynimi kemirip duran sorular yanıtlarını bulmuştu ama her yanıtta üzerime bir kürek daha toprak atılıyordu sanki. Diri diri gömüyorlardı beni. Her sebep birbirine bağlıydı. Aynı donörün yumurtasından oluşumuz, bunu bilmediğim için Zeynep'le hayat kurmayı istemem ve bunun olmaması için onun benden kaçışı, peşine düşmemem için istemeye istemeye evlenişi... Bir çıkmazın kederli finali...

Tüm bunların sonunda o bankta ne yapacağını bilemeyen bir adamla yanındakinin ne yapacağını kestiremeyen bir kadın oturuyordu. Çocuk salıncakta tüm bunlardan habersiz sallanıyordu. Dudaklarım uyuştu. Ellerimden kanım çekildi. Zaman o ana çakılıp kalmıştı sanki. Koca bir geçmişi nereye gömecektim şimdi? İnsanın geçmişinin mahvolması belki katlanılabilir bir şeydir ama benim geleceğim de mahvolmuştu artık. Gelecek günlerimde bir tek o olduğu için artık onsuz bir gelecek düşleyemiyordum. Yani geleceğim gelmeden ben bitmiştim. Şimdi kalbim kimin için çarpacaktı?

'Benim için üzüldün mü?' diye sordum ona. O da bana 'Üzülmez olur muyum? Ama bazı gerçekleri değiştiremezsin. Seninle neden olamayacağımızın cevabını nasıl verecektim sana? Nasıl söyleyecektim annenin annen olmadığını? Nasıl söyleyecektim kardeş olduğumuzu? Yapılacak tek şey vardı o da kaçıp gitmek, yeni bir hayat kurmaktı' dedi. Salıncaktaki kızından gözlerini ayırmadan konuşuyordu hâlâ. Gözlerindeki yaşları gördüm sonra. Bir ara sustu. 'Peki, şimdi ne yapacaksın?' diye sordum. Omzunu silkti, 'Bilmem ki' dedi. 'Sen neden vazgeçmedin peki?' diye sordu bana. Cevabı o kadar uzundu ki...

'Hayatımda başkası diye bir şey olmadığı için seni hiç başkalarında aramadım. Aşk böyle bir şeydi işte. Senden ve benden kurulu dünyamda nasıl vazgeçebilirdim senden? Bu, insanın diğer yarısını inkâr etmesi olmaz mıydı? Bunu yapamazdım. Böylesi güçsüz bir karakterim yoktu benim. Unutma, karakterin güçsüzse sadece kendini oyuncak etmez aynı zamanda başkalarının da oyuncağı olursun' dedim ona. 'İyi geçen tek bir gecem, aydın olan tek bir günüm olmadı senden sonra. Öyle ya iyi gecelerin olmadan nasıl günaydınların olsun...

Öyle sevmiştim ki seni. Öksürsen benim ciğerlerim sökülürdü. Seni içime "sızı" diye koyduğumdan beri sarmadım kalbinle kalbime açtığım yarayı. Kanayıp durdun içimde öylece. Kan kaybım oldun önce... Sonra yâr, şimdi can. Sana verdiklerim, ne her şey ne de hiçbir şeydi. İçimdi. Azı çoğu olmazdı içini vermenin. Sadece gerçeği olurdu. Kimselere diyemedim seni. Ağzımdan bile kaçırmadım. Dilime susları koydum, içime şarkıları. Ve seni tıka basa doldurdum kalbime. Sense onun şeklini aldın. İçini doldurduğun kalbimin şeklini...

Aylardır sana uzaklardan bakıyorum. Benim nezdimde bana ait bir güldün ama başkası kokluyordu seni. Öyle zordu ki buna katlanmak. Aşkın doğasına aykırı, çelişkisine denk düşen bir acıydı. Kazanmaya hevesli, yenilmeye mahkûm biriydim. Ölüm denen illetin tam ortasında çırpına çırpına yaşamaktı bu. Ayrılığın acısına doya doya sarılmaktı; sana sarılamadığımdan...

Elbet geçecekti. Beni söke söke benden geçecekti. Ama geçmedi. O geçmedikçe ben de vazgeçmedim. Ağladıkça kendimden utandım. Ellerimi kırdım duvarlarda ama yine vazgeçmedim. Haklı olanın kazanacağı değil, güçsüz olanın kaybedeceği bir savaştı bu. Sonumu bildiğim halde vazgeçmedim' dedim.

Çantasından kâğıt mendilini çıkarıp gözyaşlarını sildi. Kızının onu ağlarken görmesini istemiyordu. Hâlâ bakmıyordu yüzüme. Gözlerini salıncakta sallanan kızından ayırmıyordu. Tekrar konuştu.

'Ne kadar da benzer acılar çekmişiz Furkan. Ama sen anlatınca şiir gibi oluyor. Ben anlatamam öyle. Benim cümlelerim daha basit, daha sıradan seninkilere göre. Senin hiç çareni elinden aldılar mı Furkan? Benim aldılar. Hem de tüm çarelerimi aldılar. Sana veda bile edemedim. Son kez gözlerine bakamadım. Nereden okuduğumu bilmiyorum ama bir yerde okumuştum. Biri bir dizede geçen sözler için yazmıştı bunu. Şöyle diyordu aklımda kaldığı kadarıyla: 'Her şey istediğin gibi giderken, bir şey ama tek bir şey kaçıp gider elinden. Tek bir bedel diğer hepsine değer. Neyi en çok istediğini onu kaybettiğinde anlar insan. Neyin eksik olduğunu onu özlediğinde anlar. Hep istediğin şeyi koyduğunda sonunda yerine, içine düşen korku gerçeği anlatır sana. Hayatındaki eksik şeyi bulduğunda, avucunda eriyen kar gibi gitmesini bekleyeceksin. Çünkü bu derde bir çaren yok. Bu soruya bir cevabın yok henüz. Birinin elinden en önemli şeyi al, onu çaresiz kıl. Günaha böyle girilir. Birinin elinden sevdiğine yardım edecek çaresini al, gittiği yere gidemesin peşinden, acı asıl öyle çekilir. Sevdiğini son defa gördüğünü bilmek mi daha zordur, onu son defa görememek mi? Onu karanlığa kendi elinle teslim etmek mi daha korkunçtur, onu oradan çekip çıkaramamak mı?'

Sonra yine sustu. Islanmaktan dağılmakta olan mendiliyle tekrar sildi gözyaşlarını. Göğsü inip çıkıyordu.

O anda aklından neler geçiyordu bilmiyordum ama yüreği benim içimde atıyordu sanki. O an titreyen ellerini tutmak istedim. Onu kendime çekip göğsümde ağlarken saçlarını okşamak istedim. 'Çıkmaz bir sokakmış yaşadıklarımız Furkan. Ama sokağa girmeseydik bunu hiç öğrenemeyecektik' dedi.

İçimi acıttı o son sözleri. Bunun üstüne ne söylenebilirdi ki? O anda verdim kararımı. 'Ben yaralarına sargı bezi olmak için gelmedim Zeynep. Yarayı iyileştiren her sargı bezi sonunda çöpe atılır. Ben yaranı iyileştirmek ama aynı zamanda o yarada kalmak için geldim' dedim. Önce ne demek istediğimi anlamadı. Kafası karıştı. Sonra ilk defa dokundum ona. Elimle çenesinden hafifçe tutup, yüzünü kendime doğru çevirdim. Ağlamaktan kızarmış gözlerinde yorgunluk, yüzünde bir yılgınlık vardı. Altdudağı titriyordu. Bir acıya bakar gibi baktı yüzüme. 'Gel beraber İstanbul'a dönelim. Elimde kala kala bir gümüşçü dükkânı kaldı. Oraya ortak ederim seni. Sen de kızını okutursun, büyütürsün. Ben ikinize de sahip çıkarım' dedim. Başını öne eğdi ve 'Ah Furkan...' dedi. 'Bana olan sevgin ve inancın, bana biçtiğin değeri gösterir. Hiçbir zaman sevginden şüphe etmedim. Hiçbir zaman, gönlünü başkasına düşürür demedim. Kendi adımdan bile senin adından emin olduğum kadar emin olmadım. Sen yeryüzüne gönderilmiş tek erkek meleksin. Senden o kadar çok şey öğrendim ki... Bana sevilmeyi öğrettin. Bana hayatı öğrettin. Çok şey borçluyum sana. Şimdi bile, bu haldeyken bile hâlâ yanımdasın ve yardım elini uzatıyorsun. Sen masal mısın Furkan? Hiçbir gerçek senin kadar temiz olamaz... Seni öylece bırakıp gittim. Gitmek zorundaydım. Kalbinde onulmaz yaralar bıraktım biliyorum. Özür dilesem bile değişmeyecek. Sokakta birine çarptığında da özür diliyor insan. Hiçbir özür içindeki sızıyı dindirmeyecek.

Ne sen hak ettin bu olanları ne de ben. Oysa daha çok küçüktüm sevdana düştüğümde. Hayatında sıram ne zaman gelecek diye beklerken bir baktım hayatımı hayatın, hayatını hayatım etmişsin. Kınalıada'dan sonra bir başkası olmuştum ben artık. Seninle yaşayacağım birkaç saate bile tüm geleceğimi vermeye hazırdım. Senin yanında kendimi o kadar güvende hissediyordum ki, kendi kanatlarım varken bile senin kanatlarının altına sığınmayı yeğliyordum. Senin dallarında yaşamayı tercih ediyordum. Ki sen demiştin bana, "Kanatlarına güvenmelisin tutunduğun dala değil" diye. Ben yine de senin dalına, senin aşkına tutundum; bunu sana pek belli edemesem de...

Senden başkasına güvenmedim. Bana korkmamayı sen öğrettin. Yaram da sendin yârim de... Bu yüzden ben yaramdan hiç korkmadım. Ben yaramı hep sevdim. Ama bazı yaralar var ki merhemi ne aşkta ne ayrılıkta. Öyle bir şeydi işte o kardeşliğin yarası. Aşkımın felaketim oluşunu izledim. Gitmek zorundaydım Furkan. Senin için, benim için, geleceğimiz ve geçmişimiz için gitmek zorundaydım. Yolum uzun ve karanlıktı ancak kendimi yakarak yürüyebilirdim. Kendimi yaka yaka yolumu aydınlattım. Gitmeyi seçmek değildi, gitmeye mahkûm olmaktı benimkisi. Ve gittim.

Kolay mı oldu sandın gitmek? Gitmekle ölmek arasında bir seçim yapmak zorunda bırakılmak? Ve ben gitmeyi seçtim. Zayıflık zannetme seni bırakıp gitmeyi. Tam tersi seni bırakıp gitmek büyük güç ister Furkan. Ölmekle eşdeğer... Keşke sana bu acı gerçeği anlatmanın bir başka yolu olabilseydi gitmek dışında... Belki de kaçmaktı bu bilmiyorum. Yanından kaçtım ama aklımdan kaçamadım, kalbimden kaçamadım. Her ikisinde de vardın.

İçinde senin olmadığın ama her anı sen olan bir hayat kurdum kendime. Evlendim peşimden gelme diye. Yeni bir hayata başlamadım, yeni bir hayatın içine düştüm evlenerek. Düştüm ama kaldıran olmadı. Yanımdaydı eşim ama el uzatan değildi. Düştüğümü bile bilmiyordu. O mutluydu. Çocuğumun babasıydı, bana ise bir yabancı. Nasıl bir yaşamaktı o bilemezsin Furkan. Her sabah kalbini tuta tuta uyanmak... Yanındaki yabancının gözleri sana aşk dolu bakarken o yabancının gözlerinde tanıdık birini aramak... Geceleri adını sayıklarım korkusuyla ondan önce uykuya dalamamak... Öyle zordu ki kaderin koyduğu bir yasağa kendi koyduğun bir yasakmışçasına katlanmak.

Ah Furkan... Bir türlü yağmak bilmeyen bir yağmur bulutunun altında ıslanmayı beklemektin sen. Ölmek gibiydi. Bir tabutun içindeydim ama kalbim atıyordu. İçinde süründüğüm bu hayatı çok sevdiğimden değil ölüme yeğ tuttuğumdan yaşadım. Yoksa ölmek en kolayıydı.

Ama çocuğum vardı... Ama sen vardın... Ölemedim. Ölememek nasıl bir ıstıraptır bilir misin Furkan? Yine dayandım yine katlandım. Çocukluğumda okuduğum *Küçük Prens* diye bir kitap vardı. O kitapta bana güç veren bir söz geçiyordu. "Çölü güzelleştiren bir yerlerde bir kuyu saklıyor olmasıdır" diyordu. En çok da o söz kalmıştı aklımda. Ve ben o sözün bana verdiği umutla dayandım tüm bu yaşadıklarıma. Belki bir kuyu çıkacaktı günün birinde karşıma. Bir yanım keder içinde devrilirken, diğer yanım umut biriktirerek onu ayakta tutuyordu. Yaşadığım hayata alışmaya çalışıyordum. Onunla savaşmaya gücüm yoktu çünkü...

Her şey geride kalmıştı. Acılarım, sevdiklerim, seveceklerim... Gittiğine değil de geride bıraktığına varamıyor insan Furkan... Duman ateşini özlese de ona geri dönemiyor. Bir süre sonra alışıyorsun. Alışmak öldürüyor seni en çok. Yapamam dediklerini yapmak, vazgeçemem dediklerinden vazgeçmek... Alışmak çok kötü Furkan...

Hayatın nasıl geldiği ile değil nasıl gittiği ile ilgilenmeye başlıyorsun sonra. Susuyorsun. Geçmişe bakıp susuyorsun. Ağzını açıp tek bir cümle kuramıyorsun. Bazen bir şeyleri anlatabilmen için susman gerekir çünkü... Geçmiş seni anlıyor ama sen geçmişini kimseye anlatamıyorsun. Kocana iyi bir eş, çocuğuna iyi bir anne olmak için mücadele veriyorsun. Mazideki yaralarını sarıp, iyi bir insan olmaya çalışıyorsun. Bunu bile yaparken senden öğrendiklerimle yaptım biliyor musun? İyi bir insan olmakla saf bir insan olmanın aynı şey olmadığını sen öğretmiştin bana. Saf insanın kandırılabildiğini ama iyi insanları kimsenin kandıramadığını senden öğrenmiştim. İyi insanın kötünün ne olduğunu bilen ama onu seçmeyen insan olduğunu söylemiştin. Şimdi her şey değişti. Şu salıncakta sallanan kızıma bakıyorum. Artık bir babası yok. Öldüğünü bile anlamıyor. Her akşam geleceğini sanıyor. Kapının önünde bekliyor. Sonra sana bakıyorum. Bana yeni bir hayattan bahsediyorsun. Ben ölmüşüm, sen bana ilaç uzatıyorsun.

Yeni başlangıçlara hevesim olsa gücüm yok Furkan. Yaşanılan bunca şeyin ardından yeni bir hayat bana bilmediğim ne verebilir? Hayat bazen insana biriktirdiği tecrübeleri kullanabileceği alanlar açmaz Furkan. Bırak bu da böyle kalsın. Ben kurmuşum düzenimi. Ne annemleri istiyorum yanımda ne de başka birini. Babasız büyütmem gereken bir kızım var. Biraz anne biraz baba olmam gerekiyor ona. Sen hayatına kaldığın yerden devam et. Hiçbir şey eskisi gibi olmasa da artık... Beni hatırlamana gerek yoktu. Unutmaman bile yetecekti. Belki yıllar sonra sözlerini unuttuğun ama müziği hâlâ aklında kalan bir şarkı olarak kalacağım sende.'

O bunları anlatırken ben ağlıyordum. Göğsümün tam ortasına kocaman bir taş inmişti sanki. Titreyen sesimle ona 'Peki sen nasıl unutacaksın beni?' diye sordum. 'Hep yaptığım gibi...' dedi. 'Kendimi kandırarak. Kendime yalanlar söyleyerek. Hatta seni bir yalan olarak kabul ederek. Başka türlü kendimle başa çıkamam Furkan.

Senin bir yalan olmadığını biliyorum. Seninle alakası yok. Ben kendimi kandırıyorum. Süslendikçe çirkinleşen tek şey yalandır. Biliyorum. Biliyorum ama yine de süsledikçe süslüyorum.'

Başım dönüyordu. İçimde niye büyüdüğünü bilmediğim bir öfke bulutu kabarıyordu. 'Ben yalan değilim Zeynep!' dedim ona. 'Ben yalan değilim! Bana inanmalısın!' diye bağırdım kimselerin olmadığı o parkta. O bankın üzerinde... Yüzüme baktı. Acı acı gülümsedi. 'Lütfen...' dedim. 'Bana inan... Yalvarıyorum sana bana inan...' Ayağa kalktı ve *'Sana inanırsam kendimi kandıramam...'* dedi.

O sırada kızı salıncaktan düşer gibi oldu. 'Elif!' diyerek fırladı yerinden. Elif'miş adı. Gitti sarıldı kızına. Hayatta kalan son dalına...

Kabullenemedim bu durumu. Öfkeyle kalktım oturduğum banktan. İnanmak istemiyordum olan bitene. Hiçbir şey söylemeden ayrıldım yanlarından. İlk otobüsle atlayıp İstanbul'un yolunu tuttum. Bu işi çözmeye kararlıydım. Yol boyunca düşünüp durdum. İnanmak istemedim Zeynep'in söylediklerine. Mutlaka bir yanlışlık vardı. Eğer onunla aramızda bir kardeşlik bağı olsaydı ben nasıl âşık olabilirdim ona? Ya da o nasıl âşık olurdu bana? Bunu aklım mantığım almıyordu. Delirmek üzereydim. Otobüsten iner inmez kliniğe gidip başhekimle görüşmek istediğimi söyledim. Emekli olduğunu, kliniğe çok nadir uğradığını söylediler. Ev adresini istedim vermediler. Önce kendisine sormaları lazımmış. Aradılar. Sekreter onunla konuşurken zorla çekip aldım telefonu elinden. Bağıra bağıra, artık neredeyse böğürtüye dönen inlemelerimle anlattım durumu. Telefon elimde yere çöküp yalvardım. Adam Zeynep'i hatırladı. 'Beni orada bekle geliyorum' dedi.

Saatler geçmek bilmedi. Tırnaklarımı yedim beklerken. Sonunda geldi adam. Bembeyazdı saçları. Beli kamburlaşmıştı ve zor yürüyordu. Arada bir uğradığı odasına çıktık. Masasının üzerinde duran bilgisayarı açtı ve o çok gizli olan dosyaya baktı. 'Aslında bu bilgileri kimseyle paylaşmamam gerekiyor ama madem iş bu noktaya gelmiş, içinin rahatlaması için sana söyleyeceğim' dedi. Artık gözleri zor görüyordu. O bilgisayara bakarken benim için dünyanın en uzun saniyeleri başlamıştı. Asla inanmak istemiyordum Zeynep'le kardeş olduğumuza...

Ve haklı çıktım. Zeynep'le kardeş değildik. Sadece donörlerimizin ismi aynıydı. Bunu duyar duymaz ne yaptığımı tam olarak hatırlamıyorum ama eğer hafızam beni yanıltmıyorsa önce ağladım, sonra adamın ellerine sarılıp defalarca o buruşmuş ellerinden öptüm. Biraz sakinleşince oturup konuşmaya başladık. Profesör o günü çok net hatırlıyordu. Zeynep o gün profesör birdenbire içeri girince panikleyip zaten yaşlarla dolu olan gözleriyle benim annemin ismini ve soyadının ilk dört harfini görmüş. Bunlar diğer donörünki ile aynıymış zaten. Zeynep'in annesinin adı Lena Papadakis, benim annemin adı ise Lena Papantoniou. Evet, annelerimiz ayrıydı ve biz kardeş değildik."

Furkan Ağabey bunu söyler söylemez yüzüm gülmeye başladı. Sanki kendi sıkıntılarımdan kurtulmuş gibiydim. Ama en çok da daha sonra ne olduğunu merak ediyordum. Tam onu soracakken dükkâna birileri girdi. Önce dokuz on yaşlarında olduğunu tahmin ettiğim kızı gördüm. Boynundaki gümüş kolyede Elif yazıyordu. Ardından dört beş yaşlarında bir kız çocuğu daha girdi içeri ve "Baba!" diyerek Furkan Ağabey'e doğru koştu. Yürüyüşü aynı babası gibiydi. Ve son olarak çocukların annesi girdi içeri. Gerçekten de Brooke Shields'a benziyordu.

SON